DEBUT D'UNE SERIE DE DOCUMENTS EN COULEUR

LES JEUNES FILLES D'AUTREFOIS

SOUVENIRS
D'une Bleue

ÉLÈVE DE SAINT-CYR

Marguerite-Victoire de la Maisonfort
à Geneviève de Colombe

(OCTOBRE 1688-FÉVRIER 1691)

PARIS
PAUL OLLENDORFF, ÉDITEUR
28 bis, RUE DE RICHELIEU, 28 bis

1897
Tous droits réservés.

LIBRAIRIE PAUL OLLENDORFF
28 bis, rue de Richelieu, Paris.

DERNIÈRES NOUVEAUTÉS

Collection grand in-18 à 3 fr. 50 le volume.

Paul ADAM	Les Cœurs nouveaux	1 vol.
Alphonse ALLAIS	On n'est pas des bœufs	1 vol.
Emile ANTOINE	Chansons de Cœur	1 vol.
Baude DE MAURCELEY	Le Triomphe du cœur	1 vol.
Robert DE BONNIÈRES	Lord Hyland	1 vol.
Emile BERGERAT	La Vierge	1 vol.
René BOYLESVE	Le Médecin des Dames de Néans	1 vol.
Jean CAROL	Sœur Jeanne	1 vol.
Jules CASE	L'Étranger	1 vol.
Théodore CAHU	L'Oasis	1 vol.
CATULLE MENDÈS	Le Chemin du cœur	1 vol.
Félicien CHAMPSAUR	Le Mandarin	3 vol.
Paul CUNISSET	Étrange Fortune	1 vol.
Maurice DONNAY	Chères Madames	1 vol.
Charles EPHEYRE	La Douleur des Autres	1 vol.
Paul FÉVAL FILS	Les Jumeaux de Nevers	2 vol.
Charles FOLEY	La Dame aux Millions	1 vol.
Joseph GALTIER	Misères de la Vie militaire en Allemagne	1 vol.
Paul GAULOT	L'Épingle verte	1 vol.
Abel HERMANT	La Meute	1 vol.
Maurice LEBLANC	Les Heures de Mystère	1 vol.
Pierre MAËL	Le drame de Rosmeur	1 vol.
René MAIZEROY	Journal d'une Rupture	1 vol.
J. MARNI	Comment elles nous lâchent	1 vol.
CATULLE MENDÈS	L'Homme Orchestre	1 vol.
Gabriel MOUREY	Les Brisants	1 vol.
Georges OHNET	L'Inutile Richesse	1 vol.
Guy DE PASILLÉ	Histoire d'un Gentilhomme de Province	1 vol.
Paul PERRET	Les Demoiselles de Liré	1 vol.
Georges DE PEYREBRUNE	Les Aimées	1 vol.
Jean RAMEAU	Le Cœur de Régine	1 vol.
André THEURIET	Fleur de Nice	1 vol.
Pierre VALDAGNE	Variations sur le même air	1 vol.
Fernand VANDÉREM	Le Chemin de Velours	1 vol.
Pierre VEBER	Chez les Snobs	1 vol.

Envoi franco du Catalogue complet de la Librairie Paul Ollendorff

EVREUX, IMPRIMERIE DE CHARLES HÉRISSEY

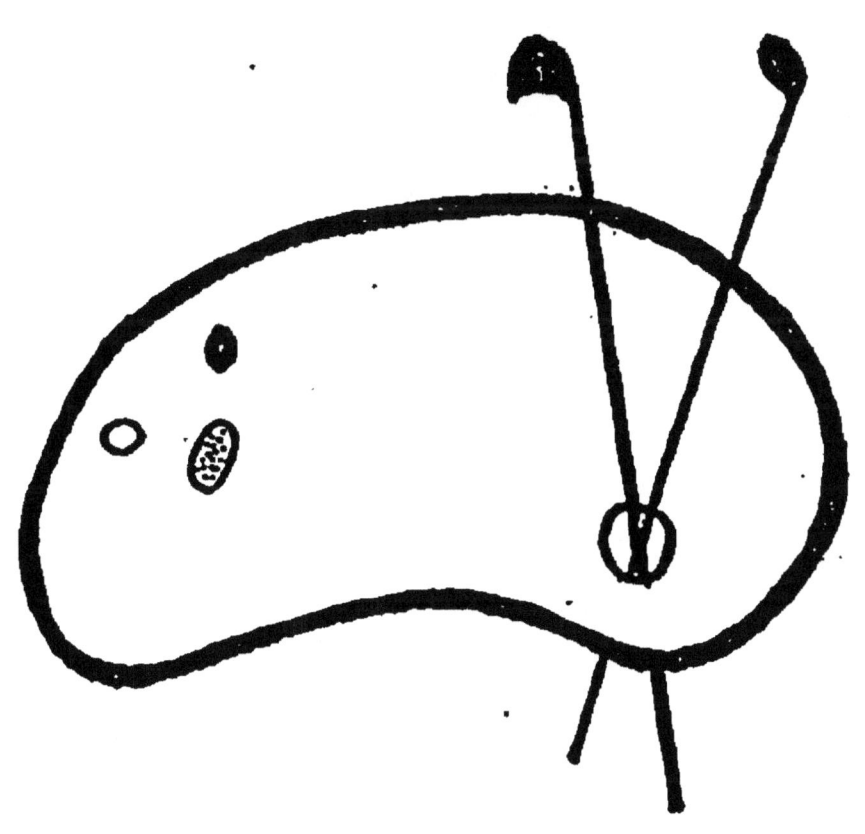

FIN D'UNE SERIE DE DOCUMENTS
EN COULEUR

SOUVENIRS
D'UNE BLEUE
ÉLÈVE DE SAINT-CYR

DANS LA COLLECTION

DES « JEUNES FILLES D'AUTREFOIS »

———

JOURNAL D'UNE ÉLÈVE DE
PORT-ROYAL . . . .   1 vol.

———

Tous droits de reproduction et de traduction réservés pour tous les pays, y compris la Suède et la Norvège.

S'adresser, pour traiter, à M. Paul Ollendorff, éditeur, rue de Richelieu, 28 bis, Paris.

LES JEUNES FILLES D'AUTREFOIS

SOUVENIRS
D'une Bleue

ÉLÈVE DE SAINT-CYR

Marguerite-Victoire de la Maisonfort
à Geneviève de Colombe

(OCTOBRE 1688-FÉVRIER 1691)

PARIS
PAUL OLLENDORFF, ÉDITEUR
28 bis, RUE DE RICHELIEU, 28 bis

1897
Tous droits réservés.

IL A ÉTÉ TIRÉ A PART
CINQ EXEMPLAIRES SUR PAPIER DE HOLLANDE
NUMÉROTÉS A LA PRESSE

SOUVENIRS D'UNE BLEUE

ÉLÈVE DE SAINT-CYR

PREMIÈRE PARTIE

Octobre 1688 à Janvier 1689.

OCTOBRE 1688

12 octobre 1688.

Enfin, je suis *bleue !* ô joie ! Je croyais continuer un beau rêve ce matin en m'éveillant, quand j'ai vu étalée sur la chaise, au pied de mon lit, ma nouvelle robe avec, bien en évidence, les choux et le ruban bleu de la ceinture.

Être *bleue !* enfin ! Ne plus entendre madame d'Haussy se lamenter sur ces déplorables *jaunes*, ces terribles *jaunes*, qui donnent plus de mal à elles seules que les *rouges*, les *vertes* et les *bleues* réunies, quelle délivrance ! Sans compter que le jaune ne m'allait pas du tout, et que le bleu sied délicieusement à ce que M. Racine appelait : « ma délicate beauté blonde ». Parfaitement ! il a parlé de ma délicate beauté blonde, à cette dernière représentation d'*Andromaque*, que nous ne jouons plus parce que nous la jouions trop bien, et où je faisais le personnage de Céphise. Il dit cela à demi-voix à Mme du Pérou qui lui imposa vivement silence. Moi, je pris un petit air innocent, mais j'avais très bien entendu. Même, cela fit fort enrager Pélagie de Renard Dumée qui entendit très bien elle aussi; mais jalouse comme tout, elle me dit d'un air pincé, quand je lui répétai le compliment de M. Racine :

— Ma chère, vous vous imaginez des choses! Pour moi, je n'ai rien entendu.

Mais je reviens à ma joie d'être *bleue*. C'est un événement, un grand, un important. Je ne fais plus partie des petites, je suis une grande. Je vais pouvoir regarder, à mon tour, comme un pur néant les *rouges*, les *vertes*, et même les *jaunes*. Il est bien certain qu'on ne commence à compter que quand on est *bleue*. Ce n'est pas qu'elles me plaisent toutes, les bleues : par exemple, cette Renard, je ne la puis souffrir. Comme elle est *bleue* depuis un an, elle me dit ce matin :

— Vous avez l'air toute fière d'être une *bleue* comme moi.

— Dans tous les cas, fis-je d'un air détaché, ce n'est pas d'être comme vous que je suis fière.

Et, pour n'y paraître point tenir, j'ai affecté de serrer dans mon tiroir le beau ruban bleu que ma sœur la chanoinesse m'avait donné en supplément, quoique je mourusse d'envie d'en faire sur ma coiffe un nœud élégant comme celui de la belle Madeleine de Glapion.

Elle n'a pas fait grande attention à moi, Glapion ; elle s'est contentée de me dire distraitement :

— Je suis bien contente que vous soyez *bleue*.

C'est plutôt froid comme accueil ! Et moi qui l'aime tant, sans avoir jamais osé le lui dire, parce que les *bleues* se moquent entre elles des déclarations que leur font les *jaunes*. Enfin, maintenant que je suis moi aussi une *bleue*, je la saurai bien obliger à m'aimer. Mais ne va pas croire au moins que d'aimer Glapion me fera t'aimer moins, toi ma grande amie Geneviève qui me fus à Noisy une si bonne petite maman. Seulement, vois-tu, tu es si loin maintenant dans cette Bretagne où t'a emmenée M. de Colombe, ton mari ! Plus de baisers du soir ; ma sœur n'a pas souvent envie de m'embrasser, puis, ce ne serait pas la même chose, et moi j'ai besoin d'être embrassée. Puisque ce ne peut plus être par toi, il faudra bien que ce soit par Glapion.

T'écrire me fait du bien. J'étouffais de cette joie d'être *bleue*, soigneusement cachée à cause de la détestable Renard. J'avais besoin de la dire, cette joie. Ce soir, en me promenant dans le parc, j'ai pensé au roi Midas murmurant, dans le trou qu'il avait creusé, afin de pouvoir dire son secret, sans crainte d'être entendu : « Midas, le roi Midas a des oreilles d'âne ! » Moi, je confiais au vent soufflant entre les branches noires des arbres dépouillés : « Margot, ô joie ! Margot a l'honneur d'être *bleue !* »

15 octobre.

Ce n'est pas le tout d'être *bleue*. Il ne doit pas suffire, pour être une vraie *bleue*, de porter le ruban bleu, quelque agréable que cela me paraisse du reste. Je voudrais bien faire quelque chose qui me distinguât des *jaunes* et me prouvât que je suis bien vraiment une *bleue*. Oui, mais faire quoi ? Le difficile était de trouver. Glapion, que j'aime tant et que je voudrais imiter en tout, écrit ses *Mémoires*. Si je faisais comme elle ? Seulement, voilà, pour que cela soit amusant d'écrire ses *Mémoires*, il les faut écrire pour quelqu'un qu'on aime bien et qui s'y intéressera. Alors j'ai pensé à toi qui me reproches toujours mes trop courtes lettres ; Saint-Cyr, que tu ne connais pas, l'étant, me dis-tu, aussi cher que Noisy que tu as quitté avec tant de regret pour épouser M. de Colombe. Veux-tu, dis, que j'écrive pour toi, pas des *Mémoires*, ce serait trop ambitieux pour une nouvelle *bleue* comme moi, mais simplement les *Souvenirs* d'une *bleue* ?

Lundi, 18 octobre.

J'attends ta réponse avec grande impatience, ma chère ; mais comme je la veux espérer favorable, je vais consacrer à écrire mes *Souvenirs* les trop rares moments de liberté que nous laisse le règlement.

Je commence par une bonne nouvelle. Mme de Maintenon nous a dit en récréation qu'un courrier arrivé de Philipsbourg a porté la nouvelle que, dans la nuit du 13 au 14, les ennemis firent une petite sortie assez vigoureuse. Ils furent repoussés fort vite, mais ils nous tuèrent quelques officiers. On leur tua beaucoup de monde, et ils battirent une chamade pour demander la permission de retirer leurs morts. On leur répondit qu'on les leur rendrait en les faisant reporter par nos soldats. Ils y consentirent et M. Vauban fit habiller des ingénieurs en soldats, et ils eurent le loisir de reconnaître ce qu'ils voulaient voir. On espère que la place ne tardera pas à se rendre. Nous prions de bon cœur à Saint-Cyr pour obtenir cette grâce.

Jeudi, 21 octobre.

Ayant la prétention de retracer dans ces *Souvenirs* la très fidèle et véridique histoire de Saint-Cyr, en cet an de grâce 1688, et en ceux qui suivront, tant que nous ne serons lassées, toi de lire, moi d'écrire cette fantaisie, ce serait, me semble-t-il, manquer à tous mes devoirs de petite Margot historienne, que de ne te pas faire connaître ce Saint-Cyr, théâtre mémorable de nos importants faits et gestes.

Tu as gardé de notre ancien Noisy un souvenir

enthousiaste qui te paraîtrait bien exagéré si tu connaissais notre nouvelle demeure. Tu en jugeras après ce tour du propriétaire que je t'invite à faire avec moi.

Saint-Cyr se compose de deux grands corps de bâtiments et d'un troisième corps coupant les deux premiers perpendiculairement vers le milieu. L'extrémité de ce troisième corps de bâtiments forme l'église. Cette disposition offre des deux côtés trois intervalles vides qui sont occupés, au nord, l'un par un bois de grands ormes, les deux autres par de vastes quinconces qui nous servent de promenoirs et de salles de récréation. L'un des quinconces s'appelle *cour Verte ;* mais Mme de Brinon propose de l'appeler *cour Maintenon*, idée à laquelle tout le monde applaudit. Cette cour est coupée par deux pièces de gazon, et fermée par une belle grille élevée sur un petit mur à hauteur d'appui. On y arrive par une porte à laquelle on monte par un double perron ; c'est là notre passage pour aller dans les jardins.

Toute cette partie nord forme la façade monumentale de la maison, qui, malgré sa simplicité, ne manque ni de grandeur, ni d'harmonie.

Les trois intervalles du midi forment aussi trois grandes cours. Celle du milieu est la *cour Royale*. Elle est composée de quatre parterres avec, autour, de beaux orangers. Celle de droite est la cour des cuisines, celle de gauche, la cour du dehors.

Là se trouvent les hangars et l'écurie. En avant

de cette façade est une double allée d'arbres, formant l'avant-cour qui n'est qu'une sorte de rue intérieure et publique. Au delà est le mur d'enceinte extérieur qui s'appuie sur les dernières pentes du coteau de Saint-Cyr. Aux deux extrémités de la double allée se trouvent les deux portes d'entrée de toute la maison qui sont ouvertes tout le jour ; elles donnent accès, l'une à la route du village, l'autre à celle de Versailles.

Les corps de bâtiments ont deux étages et un comble ou mansarde (du nom de M. Mansard, l'architecte du roi, qui a dirigé les travaux de Saint-Cyr). Ils n'ont aucun ornement, sauf les armes royales qui sont sculptées au-dessus des deux portes d'entrée.

Le public est admis dans la cour du dehors. Là se trouvent les logements des hôtes et des prêtres attachés à la maison. Un des corps de bâtiments donnant sur cette cour est occupé par de petits logements d'ouvriers et par une boulangerie.

Au premier étage est l'appartement de l'évêque de Chartres, Mgr de Neuville, et celui de l'intendant du temporel. Au deuxième étage sont les magasins de farine.

En face au rez-de-chaussée, sont les trois parloirs : celui des dames, celui des sœurs converses et le nôtre. Au-dessus, sont des magasins d'étoffe, de toile, etc.

L'église n'a de monumental que son chevet surmonté d'une flèche pyramidale.

L'autre corps de bâtiments de la cour du dehors est le logement presque entier de la communauté. Il est occupé par le dortoir des sœurs converses, le logement et le parloir de notre supérieure, Mme de Brinon, et le dortoir des dames.

Le tour où se tient la portière est sans communication avec le dehors. Il est établi pour recevoir les messages et répondre aux visiteurs. Il est de moyenne grandeur et fait de bois de chêne. Il ne permet pas de rien voir au dedans ; on peut y passer seulement un paquet de médiocre grandeur.

Près de là est le dépôt, qui est le bureau des affaires du dehors, c'est-à-dire de l'administration de la maison. Il est garni d'armoires renfermant les titres, papiers et renseignements de la maison, d'un coffre à mettre l'argent, et d'un tour capable de passer seulement un sac de mille livres.

Il paraît que les prairies et les champs cultivés qui s'étendent au delà des cours doivent être transformés en un parc, dont M. Mansard a déjà tracé le dessin. Sur le plan que Madame montrait un jour à ma sœur, Sa Majesté a écrit au crayon, de sa propre main, le nom des allées. Voici quelques-uns des noms dont je me souviens : *allée Solitaire, allée des Réflexions, allée Royale, allée du Cœur, bois de l'Église, allée de l'Institutrice, cabinet du Recueillement, allées des Rouges, des Vertes, des Jaunes, des Bleues*, etc.

Quand le roi vient à Saint-Cyr, il arrive par l'*allée*

de Versailles. Son carrosse s'arrête à la petite porte et n'entre jamais dans la clôture.

J'oubliais, à l'extrémité des jardins, dans la partie la plus élevée, est un petit bâtiment tout à fait isolé, à un étage. Il sert d'infirmerie pour les maladies communicables, et principalement pour la petite vérole, dont ma « délicate beauté blonde » a, comme tu peux croire, une fameuse peur. Aussi, je n'approche jamais de ce pavillon redoutable, et la petite chapelle dédiée à saint Roch, qui est tout à côté, ne reçoit pas souvent mes dévotions. Je me contente de prier à distance respectueuse le bon saint Roch, pour lui demander de n'avoir jamais à franchir le seuil peu hospitalier commis à sa garde.

Ouf ! n'es-tu pas, comme moi, fatiguée de cet interminable tour du propriétaire ? C'est qu'il est grand notre Saint-Cyr. Il faut de la place pour loger les 310 personnes : 36 dames, 24 sœurs converses et 250 demoiselles qui l'habitent, sans compter les ouvriers, jardiniers, etc. Un autre jour, je te ferai pénétrer dans ce royaume dont je ne t'ai montré aujourd'hui que l'extérieur.

Lundi 25 octobre.

Après avoir été pendant des années ta petite fille, je suis à mon tour promue à la dignité de petite maman. J'ai été désignée parmi les huit *bleues* qui vont cette semaine aider à lever et à

coucher les *rouges*. Je suis de semaine avec Glapion. Comme elle s'occupe de Bertrande de Montesquiou d'Artagnan, j'ai aussitôt adopté la petite
Suzanne de Montesquiou. J'aurais bien voulu
l'avoir en commun avec Montalembert, car nous
n'allons au dortoir que pendant huit jours à tour
de rôle; mais Renard, qui l'avait déjà, n'a pas
voulu la lui céder, naturellement! puisque cela
nous eût fait plaisir à toutes deux, et même à
toutes trois, si j'en juge par la réponse de
Suzanne ; je lui demandai :

— Tu veux bien, Suzon, que je sois ta petite
maman?

— Oui, tu n'es pas comme Renard, tu es gentille, toi ; puis, me regardant avec malice : mais
c'est égal, tu es tout de même une bien petite
maman !

A quoi Bertrande a vertement répliqué :

— Tais-toi, sotte, on n'est pas petite quand on
est *bleue*.

Hélas ! je voudrais bien être grande autrement
que par la couleur de mon ruban.

Puisque ma charge me retient au dortoir, je
t'en vais dire un mot.

Les dortoirs sont au deuxième étage. Chacun
d'eux renferme quarante lits et est coupé d'un
bout à l'autre d'une cloison contre laquelle sont
adossés deux rangs de lits à piliers ; les rideaux,
de la couleur de la classe, sont attachés au pied
du lit par des rubans ; les couvertures de laine

blanche sont bien tirées. Les embrasures des fenêtres sont occupées par de petits coffres servant à mettre notre linge et nos habits. Au bout de chaque dortoir est une cellule pour la dame qui nous garde. Sur la cheminée est allumée une lampe qui brûle toute la nuit. Le tout a un air d'ordre et de propreté qui fait plaisir à voir.

Mercredi 27 octobre.

Je ne te dis qu'un mot de l'organisation intérieure qui est à peu près la même qu'à Noisy.

Nous sommes, d'après notre âge, partagées en quatre classes. Chaque classe, selon l'instruction des élèves, est divisée en *bandes* ou *familles* de huit ou dix élèves, occupant chacune une table de travail. A la tête de chaque *bande* est un *chef*, ou *mère de famille*, assistée d'une *aide* ou *suppléante*. Quoique la plus jeune des *bleues*, Glapion est le *chef* de notre *bande*, et Montalembert est sa *suppléante*. Jusqu'à dix ans, nous sommes *rouges*, *vertes* jusqu'à treize, *jaunes* jusqu'à seize, âge heureux où nous devenons enfin *bleues*. Dans la classe *jaune* et dans la nôtre, on choisit huit ou dix élèves qui servent de monitrices pour les *rouges* et pour les *vertes*. Leur insigne est le ruban *couleur de feu*. Enfin vingt élèves que Madame appelle ses perles, remplissent l'office de monitrices dans toutes les classes, et portent le ruban *noir*, objet de l'ambition de toutes les élèves modèles. (Ta petite Margot n'est pas encore sur les rangs.) Mais il est question de Glapion pour le premier ruban noir vacant.

Voici l'emploi des journées où nous ne sommes pas déléguées dans quelque charge particulière : lever à six heures, messe à huit, travail jusqu'à midi ; dîner ; récréation jusqu'à deux heures ; travail jusqu'à six, coucher à neuf heures.

Le programme des classes est à peu près le même qu'à Noisy. Les *rouges* apprennent à lire, à écrire, à compter ; on leur enseigne aussi les éléments de la grammaire, le catéchisme et des notions d'histoire sainte. Dans la classe *verte*, en plus de ce qui précède, on apprend la musique, des notions d'histoire, de géographie et de mythologie. Dans la classe *jaune*, de peu souriante mémoire, l'instruction roule surtout sur la langue française, la musique, la religion. On apprend aussi à se bien tenir et à danser. Voilà des leçons dont j'ai, je crois, bien profité ; je ne crains personne pour le *menuet* et la *pavane*. Cela ne me sert pas à grand'chose, ici ; mais, plus tard, qui sait ?... — Que votre gravité se rassure, je ne vais pas donner libre cours à ce que ma sœur appelle mes chimères. Pourtant, quand on a seize ans, une « délicate beauté blonde » (ce n'est pas moi qui parle) et qu'on s'appelle Marguerite-Victoire Lemaître de la Maisonfort, il est bien permis d'espérer que la vie ne se passera pas tout entière entre les quatre murs d'un monastère, fût-ce du moins rébarbatif des monastères, comme l'est ce Saint-Cyr dont la description fidèle a occupé tous mes moments de liberté pendant plus de trois jours.

Tu ne vois pas trop ce que ce discours a de commun avec le programme de la classe *bleue*, ni moi non plus, du reste ; mais je reviens à ce programme, qui est très simple : nous ne nous occupons que de musique et d'exercices sur la langue française. Notre travail n'est pas rigoureusement réglé, tout est subordonné à l'éducation. Nos maîtresses profitent d'un mot, d'une lecture, ou de toute autre circonstance pour nous faire, malgré l'ordre du jour ou du travail, des réflexions ou des exhortations, pour nous reprendre de nos défauts et nous donner des conseils sur notre vie actuelle et future. Il n'y a pas jusqu'à nos récréations que l'on ne cherche à tourner à notre profit moral. Ce n'est pas toujours amusant ; pourtant, quand Madame vient passer la récréation avec nous, nous préférons une causerie sérieuse avec elle aux jeux les plus agréables entre nous.

30 octobre.

Enfin ! ta lettre. Alors tu veux bien ? Tu me demandes de te faire un fidèle récit de mes journées, de te parler en grand détail de ce Saint-Cyr que tu aimes sans le connaître. Je le ferai avec joie, afin qu'à lire ces *Souvenirs* tu te puisses croire encore l'une de nous, et continuer en quelque sorte par la pensée cette vie de Noisy que tu regrettes toujours.

Pour moi, sans doute, je ne suis pas malheureuse à Saint-Cyr : cela m'étonne pourtant que l'on parle plus tard du regret de ces années de couvent. Ce qui me déplaît surtout, c'est que, pendant ces années, on ne vit que d'une vie collective, l'on n'est pas soi, Margot de la Maisonfort, mais une toute petite partie de la classe *bleue*, elle-même petite partie de Saint-Cyr. Il me semble que je suis une façon de petit personnage, et même assez compliqué, commençant à avoir droit à sa vie propre. J'espère tant de l'avenir ! Mais si, comme toi, il me réduit à regretter Saint-Cyr, c'est qu'il aura menti à toutes mes espérances.

Et pourtant, tu ne te plains pas, toi, et Madame te cite comme un des rares exemples du bonheur dans le mariage. Quand je pense que M. de Colombe avait quarante-huit ans quand tu l'as épousé, juste le double de ton âge; que, pour remplir sa charge de commandant des gardes marines, il t'a emmenée à Brest, si loin de Paris, de la cour, je ne comprends pas comment tu peux te faire du bonheur avec ce qui me paraîtrait autant de mortelles disgrâces.

C'est sans doute que tu mérites bien le nom de sage Minerve que l'on te donnait à Noisy, et que je ne suis, moi, qu'une pauvre petite âme inquiète et tourmentée, comme ma sœur la chanoinesse, à qui Mme de Maintenon reproche de ne se savoir pas fixer.

NOVEMBRE 1688

3 novembre.

Après t'avoir décrit Saint-Cyr, il me reste à t'en faire connaître les habitantes. À tout seigneur, tout honneur. Tu ne seras pas fâchée de savoir que notre supérieure, Mme de Brinon, mérite plus que jamais ce surnom de Sa Majesté que Jacquette de Clermont-Tonnerre lui avait innocemment donné le jour où, nouvelle venue à Noisy, elle la vit au chœur avec son long manteau, sa croix d'or et ses gants de moire.

Elle a plus grand air que jamais, Mme de Brinon; mais aussi nulle abbesse, même de sang royal, ne fut comblée de plus de distinctions. Il est vrai qu'on ne peut voir un esprit plus noble, plus cultivé que le sien. Elle sait le monde, les pères de l'Église, les poètes. Sa conversation est étincelante d'esprit, personne ne sait railler d'un tour plus vif, plus délicat.

Le dimanche, elle nous fait des exhortations sur les épîtres et les évangiles, avec tant d'éloquence que l'on vient en foule l'entendre à la grille du chœur. Les courtisans assurent que le père Bourdaloue ne dit pas mieux. On prétend même que les ecclésiastiques sont jaloux ; ils ont critiqué la bénédiction solennelle que Mme de Brinon donnait à toute la communauté de l'air imposant d'un évêque; aussi a-t-elle supprimé cette bénédiction.

Elle est comblée des plus flatteuses distinctions. Le roi ne vient point à Saint-Cyr qu'il ne l'entretienne avec bonté. L'estime de la cour pour elle augmente sans cesse. Elle est en commerce avec les princesses, les ministres, les cardinaux. On brigue à l'envi son amitié et presque sa protection.

Madame lui donne partout le pas, à l'église, au jardin, au réfectoire. Quand Mme de Brinon fut malade, elle lui envoya M. Fagon et établit des courriers pour être informée d'heure en heure de son état. Le roi l'est venue voir pendant sa convalescence.

Lorsque, pour se remettre, elle est allée aux eaux de Bourbon, avec Mlle de Blair, sa nièce, elle a reçu dans le Bourbonnais des honneurs extraordinaires. Elle avait deux carrosses à elle et souvent quatre de suite. Elle était précédée d'un courrier qui faisant préparer ses logements. Les villes envoyaient des députés pour la complimenter, les villages se mettaient sous les armes. A l'église, ses genoux ne se pliaient que sur un carreau de velours; et elle soutenait ces honneurs d'un air si majestueux qu'on l'aurait crue née sur le trône. Pendant son séjour à Bourbon, tous les plaisirs, tous les hommages furent pour elle. On lui donna des fêtes; on lui rendit des soins assidus, on lui fit des présents de goût, on lui remit des placets, elle fut accompagnée par tout ce qu'il y avait de grand dans la province. Enfin, les choses sont allées à un point, qu'il est même revenu à Mme de Brinon que la cour plaisantait de ce voyage, et que le roi et Madame en étaient blessés. Mais il lui suffira d'une entrevue pour dissiper ce nuage.

Nous l'admirons beaucoup, et moi en particulier, étant une de ses favorites, car nous sommes plusieurs qui lui formons comme une petite cour. Elle nous fait parfois l'honneur de nous recevoir dans son magnifique appartement. Nous ne serons pas plus fières d'être admises à la cour.

Je te voulais présenter les autres dames de Saint-Louis, mais Mme de Brinon me fait précisément demander ; j'y renonce donc, aussi bien nos maîtresses ne font-elles pas grande figure auprès de leur imposante supérieure. Je ne sais pas si elles forment un peuple heureux; mais, comme les *rouges* et les *vertes*, elles n'ont pas d'histoire. Je me contenterai donc de t'en parler selon l'occasion.

10 novembre.

Grande nouvelle : Philipsbourg est pris ! Saint-Cyr est dans la joie. La plupart d'entre nous, dames et demoiselles, avons qui un père, qui un frère à l'armée ; moi, j'y ai mon cousin de la Maisonfort, qui est bien le plus aimable, mais aussi le plus pauvre des cousins ; de le savoir si pauvre, fait que je m'efforce de le trouver moins aimable. Mais c'est de Philipsbourg qu'il s'agit, et non de mon cousin. Nulle part en France chaque victoire n'est accueillie avec plus de joie qu'à Saint-Cyr. Nous nous souvenons que nous avons toutes été bercées de récits glorieux dans la maison paternelle. Nous sommes de race guerrière. Il nous est aisé de remplir le vœu de Madame qui veut que « le patriotisme soit l'une des vertus d'un asile qui doit tout au roi, et qu'on y prenne part à tous les événements qui intéressent l'État ».

Au commencement de cette guerre, qui met notre roi glorieux aux prises avec la moitié de l'Europe, comme défenseur du principe catholique, Sa Majesté conduisit à Saint-Cyr Monseigneur le Dauphin dont c'est la première campagne. Il voulait, avant son départ pour le siège de Philipsbourg, « implorer avec lui le Dieu des armées au milieu des âmes innocentes de Saint-Cyr ». En quittant Mme de Brinon, il lui dit : « Ce « qui me plaît le plus dans les dames de Saint-« Louis, c'est qu'elles aiment l'État, quoique « haïssant le monde; elles sont bonnes reli-« gieuses et bonnes Françaises. » Pour moi, je ne hais pas le monde, non, cela est bien sûr, mais je n'en suis pas moins passionnée pour la gloire du roi et de ses armes. Sa Majesté daigne faire part à Saint-Cyr de chaque succès afin de nous inviter à partager sa joie, ce que nous faisons de tout notre cœur.

Le courrier de Monseigneur arriva à Fontainebleau pendant que le P. Gaillard prêchait ; on l'interrompit, et on remercia Dieu dans le moment d'un si heureux succès et d'une si belle conquête.

Le lendemain, M. d'Antin apporta le détail de ce qui s'était passé à la reddition de la ville ; il n'a point été nécessaire de donner l'assaut. Le roi a fait chanter un *Te Deum* à sa messe et beaucoup de timbales et de trompettes étaient jointes à sa musique. On a aussi chanté le *Te Deum* à Paris et fait des feux de joie dans toute la ville.

Dès que Mme de Brinon nous a eu annoncé la bonne nouvelle, nous avons été à la chapelle et avons chanté avec enthousiasme l'hymne à saint Louis, dont le chœur ou l'air de triomphe est très goûté du roi :

CHŒUR

Monarque éternel de la France,
Père de nos rois,
Ici l'innocence
Fleurit sous tes lois.
Nous sommes la race
Des braves soldats
Que ta sainte audace
Guidait aux combats.

UNE VOIX

Sur le premier trône du monde,
De nos aïeux tu fus l'appui ;

Et tes autels sont aujourd'hui
L'asile où notre espoir se fonde. (*Chœur.*)

Après, grande récréation toute la journée. Admire quelle gentille Margot je suis ; j'ai quitté Glapion pour te venir conter cette bonne nouvelle.

12 novembre.

Je te vais aujourd'hui introduire dans notre chère classe *bleue*. Toutes les classes sont disposées de la même manière ; chacune est décorée selon la couleur des demoiselles. Mais la nôtre a la plus belle vue. Les murailles sont tendues de tapisseries bleues, les rideaux sont de la même couleur. Il y a tout autour plusieurs cadres et des cartes de géographie, attachés par des rubans bleus. Elle contient six grandes tables demi-circulaires dont le rentrant est occupé par nos maîtresses, et le saillant par nous, au nombre de huit à dix. Sur les tables se trouvent nos livres, nos écritoires, nos bourses à jetons, tout ce qui est nécessaire pour les exercices. Nous serrons tout cela dans des armoires quand nous ne devons plus nous en servir.

Nous étions paisiblement à écrire, chacune à notre choix, qui une lettre, qui un portrait, moi cette description de la classe, lorsque on a prévenu M{ms} de Fontaines, notre première maîtresse, que Madame allait nous venir faire l'instruction.

A cette nouvelle nous ne nous sommes pas senties de joie ; tu sais le charme de sa parole. Pour ne rien perdre de ses précieux entretiens, Mme de Fontaine a eu l'idée de nous les faire recueillir. Comme je suis affligée d'une mémoire dont je suis quelque peu honteuse, car les bonnes mémoires sont en grand mépris auprès de Mme de Brinon, je suis, quoique nouvelle venue dans la classe, chargée de recueillir les instructions que Madame veut bien nous faire. Mme de Fontaines les doit revoir pour corriger les fautes que je ne dois pas manquer d'y commettre et les proprement transcrire ensuite sur un beau cahier.

Je le pourrai donc redire demain, fidèlement, l'instruction que nous allons avoir le plaisir d'entendre.

15 novembre.

Mme de Montaigle, notre seconde maîtresse, étant enrhumée, Madame lui demanda de ses nouvelles, puis :

— Pourquoi, avec un tel rhume, étiez-vous sortie en récréation par ce froid si vif ?

— Le temps étant très beau malgré le froid, je n'ai pas voulu priver ces demoiselles de sortie, répondit Mme de Montaigle.

Madame nous reprocha alors notre égoïsme qui avait sûrement augmenté le mal de notre maîtresse : ensuite de quoi, elle nous parla, à peu près en ces termes *Sur l'envie de plaire et de se rendre utile :*

« Toutes sortes de raisons devraient vous porter au désir de plaire et de vous rendre utiles. Votre peu de fortune qui fera que vous aurez besoin de tout le monde, doit vous faire craindre d'y être à charge à qui que ce soit ; si les personnes les mieux accommodées et les plus élevées par leur rang doivent tâcher de se rendre agréables, combien plus le doivent faire les demoiselles de Saint-Cyr qui n'ont rien, ou peu de chose ! On est fort embarrassé d'une fille qui ne sait que se tenir droite, se mettre à table, jouer, parler ; chacun cherche à s'en défaire. Je comprends bien que les premiers jours qu'on arrive dans une maison, on soit un peu réservé et embarrassé ; mais quand on la connaît, on doit entrer dans les sentiments de celle qui la gouverne ; on demande de l'ouvrage, on cherche à s'occuper et à n'être pas inutile ; on n'est pas déconcerté jusqu'à n'oser pas mettre la main à l'œuvre. C'est la marque d'un bon cœur de chercher à se faire aimer par ces endroits-là ; il faut qu'on vous désire où vous irez.

« Dans le temps que je demeurais à Paris, je ne manquais assurément de rien, et j'étais toujours dans une agréable compagnie qui aurait bien désiré que je ne l'eusse point quittée ; cependant, j'allais ordinairement chez ma bonne amie, Mme de Monchevreuil, qui était continuellement malade ou en couches, et moi je n'avais ni l'un ni l'autre. Je prenais soin du ménage, je faisais ses comptes et toutes ses affaires. Un jour que j'avais vendu un veau de quinze ou seize francs, j'apportai cette somme en deniers, parce que ces bonnes gens à qui je l'avais vendu n'avaient pu me donner d'autre monnaie ; cela me chargea fort et salit beaucoup mon tablier. J'avais toujours les enfants de Mme de Montchevreuil autour de moi ; j'apprenais à lire à l'un, le catéchisme à l'autre, et leur montrais tout ce que je savais.

« Elle avait entrepris de faire un meuble de tapisserie ; je m'y mis tout entière jusqu'à en suer souvent ; nous travaillions en carrosse, durant un voyage de trois semaines que nous fîmes dans un temps fort chaud ; elle avait des beaux-frères qui enfilaient nos aiguilles pour ne pas perdre de temps ; je travaillais sans penser ni au chaud ni au beau temps, et sans sortir une seule fois pour prendre l'air. Une petite mignonne aurait dit bien souvent : « Quoi ! par un si beau temps, ne point « aller se promener ? » Comme vous l'avez fait hier, mes enfants, sans souci d'aggraver le rhume de votre maîtresse. Pour moi, je ne pensais rien de tout cela, tant je travaillais avec affection ; et cependant, je demeurais chez elle sans intérêt, et je quittais une maison de Paris où j'étais fort aimée, où il me semble que j'aurais eu plus de plaisir ; mais il n'en est point de plus grand que celui d'obliger.

« Je souhaite que vous n'oubliiez jamais la maxime qui dit : que le plus grand plaisir est d'en pouvoir faire ; mettez-la en pratique et la portez jusqu'à vous oublier pour servir les autres dans les choses même les plus basses, on a par là le plaisir de changer quelquefois de personnage ; c'est un des plus grands qu'ait le roi.

« M㎃ de Monchevreuil avait une petite fille dont les jambes étaient tournées ; il y avait une certaine manière de l'emmailloter que je savais seule ; il la fallait changer souvent ; on me venait quérir au milieu d'une compagnie en me disant à l'oreille qu'elle avait besoin d'être emmaillotée ; je me dérobais pour lui rendre ce service, puis je retournais trouver la compagnie.

« Voilà, mes enfants, comme on fait quand on veut être aimée. On s'avise de tout ce qui peut être utile ou agréable à ceux avec qui on est, on leur épargne de la peine : il me semble qu'il suffit pour cela d'avoir un bon cœur et un bon esprit. »

Être aimée, oui certes, je le veux bien, je ne demande même que cela ; mais pour y arriver, s'oublier toujours pour penser aux autres, cela ne me semble guère réjouissant. Avoir un bon cœur et un bon esprit, c'est bientôt dit ! A ce compte, le monde se divise donc en deux classes : ceux qui font plaisir, ceux à qui l'on fait plaisir. En dépit de la maxime : le plus grand plaisir est d'en pouvoir faire, j'aimerais bien être parfois de ceux à qui l'on fait plaisir.

Heureusement, ceci n'est point destiné à passer sous les yeux de M㎃ de Montaigle. Quel scandale, si elle voyait ce commentaire de la parole de Madame, sacrée pour elle à l'égal de l'Evangile;

20 novembre.

Madame a fait don à la communauté d'un exemplaire du recueil des extraits d'histoire, des souvenirs de ses lectures et des petites maximes composées par le duc du Maine, à l'imitation de celles qu'il avait lues.

Ce livre, imprimé en 1678, et tiré à sept ou huit exemplaires est magnifiquement relié. Il a pour titre : *OEuvres diverses d'un enfant de sept ans.* Il y a un avis au lecteur de M. Le Ragois, précepteur de M. le duc du Maine, des madrigaux en l'honneur du roi, de Mme de Montespan, du duc du Maine, son fils, et l'élève chéri de Madame.

Ce qui rend surtout ce volume précieux pour Saint-Cyr, c'est qu'il est précédé d'une épître dédicatoire de Madame, que l'on nous a donné la permission de transcrire. Je pense que tu la liras avec plaisir. Elle est adressée à Mme de Montespan :

« Madame, voici le plus jeune des auteurs qui vient demander votre protection pour ses ouvrages. Il aurait bien voulu attendre pour les mettre au jour qu'il eût huit ans accomplis, mais il a eu peur qu'on ne le soupçonnât d'ingratitude, s'il était plus de sept ans au monde sans vous donner des marques publiques de sa reconnaissance.

« En effet, Madame, il vous doit une bonne

partie de tout ce qu'il est. Quoiqu'il ait eu une naissance assez heureuse, et qu'il y ait peu d'auteurs que le ciel ait regardés aussi favorablement que lui, il avoue que votre conversation a beaucoup aidé à perfectionner en sa personne ce que la nature avait commencé. S'il pense avec quelque justesse, s'il s'exprime avec quelque grâce, et s'il sait déjà faire un assez juste discernement des hommes, ce sont autant de qualités qu'il a tâché de vous dérober. Pour moi, Madame, qui connais ses plus secrètes pensées, je sais avec quelle admiration il vous écoute, et je puis vous assurer avec vérité qu'il vous étudie beaucoup mieux que tous ses livres.

« Vous trouverez dans l'histoire que je vous présente quelques traits assez beaux de l'histoire ancienne; mais il craint que, dans la foule d'événements merveilleux qui sont arrivés de nos jours, vous ne soyez guère touchée de tout ce qu'il pourra vous apprendre des siècles passés : il craint cela avec d'autant plus de raison qu'il a éprouvé la même chose en lisant les livres. Il trouve quelquefois étrange que les hommes se soient fait une nécessité d'apprendre par cœur des auteurs qui nous disent des choses si fort au-dessous de ce que nous voyons. Comment pourrait-il être frappé des victoires des Grecs et des Romains et de tout ce que Florus et Justin lui racontent? Ses nourrices, dès le berceau, ont accoutumé ses oreilles à de plus grandes choses. On lui parle comme d'un prodige d'une ville que les Grecs prirent en dix ans ; il n'a que sept ans et il a déjà vu chanter en France des *Te Deum* pour la prise de plus de cent villes.

« Tout cela, Madame, le dégoûte un peu de l'antiquité ; il est fier naturellement. Je vois bien qu'il se croit de bonne maison ; et avec quelque éloge qu'on lui parle d'Alexandre et de César, je ne sais s'il voudrait faire aucune comparaison avec les enfants de ces grands hommes. Je m'assure que vous ne désapprouverez pas en lui cette petite fierté, et que vous trouverez qu'il ne se connaît pas mal en héros. Mais vous m'avouerez aussi que je ne m'entends pas mal à faire des présents et que, dans le dessein que j'avais de vous dédier un livre, je ne pouvais choisir un auteur qui vous fût plus agréable, ni à qui vous prissiez plus d'intérêt qu'à celui-ci.

« Je suis, Madame, etc... »

N'est-ce pas délicieux, et peut-on louer avec plus d'esprit et de délicatesse ? Tu sais la si tendre affection de Madame pour son ancien élève le duc du Maine. Elle nous raconte souvent des traits de son enfance ; en voici quelques-uns que tu trouveras jolis, je pense ; d'abord celui-ci :

Un jour, le roi, jouant avec le duc du Maine et content de la manière dont il répondait à ses questions, lui dit qu'il était bien raisonnable :

— Il faut bien que je le sois, répondit l'enfant, j'ai une dame près de moi qui est la raison même.

— Allez lui dire, reprit le roi, que vous lui donnerez ce soir cent mille francs pour vos dragées.

Puis cet autre :

Madame dit au duc du Maine, qui avait alors sept ans, que le roi avait plus de politesse que lui.

— Cela lui est bien aisé, dit le jeune prince, il est si sûr de son rang, et moi j'ignore quel est le mien.

Enfin celui-ci :

Un jour, le grand Condé, chez Mᵐᵉ de Montespan, et en présence du roi, se plaignant du bruit que faisait le duc du Maine :

— Plût à Dieu, monsieur, repartit celui-ci, que j'en puisse faire un jour autant que vous !

Je terminerai par ce joli billet que le duc du Maine écrivit au roi, à l'occasion de la prise de Gand, en 1678, il avait alors sept ans :

« Sire, si Votre Majesté continue à prendre des villes, cela est décidé, il faut que je sois un ignorant, car M. Le Ragois ne manque jamais de me faire quitter mes livres quand la nouvelle en arrive, et je ne quitte la lettre que j'ai l'honneur de vous écrire que pour aller faire un feu de joie. »

Cela n'est-il pas bien aimable, et ne doit-on pas attendre de grandes choses d'un prince qui a montré une raison et un esprit si précoces ? Il cache, dit-on, mille qualités éclatantes sous son grand air de modestie et d'indifférence. Cependant, Madame dit un jour de lui :

« Il est trop vertueux pour faire jamais du bruit. »

24 novembre.

Tous les samedis, huit *bleues* vont à la lingerie pour plier le linge. J'ai obtenu d'être du groupe de Glapion. Je fais ce que je peux pour lui éviter toute peine, comme de me charger du rangement des plus hautes tablettes. Je remplace dans son groupe Elisabeth de la Mure de Chalon. Glapion m'a dit aimablement :

— Je ne perds pas au change, elle était d'une paresse, cette Lison ! (Vous savez qu'elle abrège ainsi son nom parce qu'elle prétend qu'Elisabeth est trop long et trop fatigant à dire.) Figurez-vous qu'elle assurait que lever les bras seulement pour atteindre aux deuxièmes tablettes la fatiguait au point de la rendre malade.

Ces mots de ma chère Glapion m'ont donné un beau zèle, et je ne souffre pas que personne s'occupe des plus hautes tablettes, les plus fatigantes à ranger, parce qu'on n'y atteint qu'à l'aide d'une échelle.

C'est Mme de Rocquemont qui dirige la lingerie qui est bien plus grande et belle que celle de Noisy. Il y a, tout autour, depuis le haut jusqu'en bas, de grandes tablettes garnies de beau et bon linge, et la douzaine de chaque espèce est reliée avec un ruban couleur de cerise, ce qui fait un aspect fort agréable.

La roberie est attenante à la lingerie ; nous y faisons aussi notre service. Nos robes sont garnies de manches de dessous de la couleur des classes, de rubans et de pelotons de la même couleur des classes. Tous ces habits sont pliés proprement sur les tablettes qui règnent autour de la chambre depuis le haut jusqu'en bas, et placés de façon que tous ces ornements s'offrent premièrement à la vue, et font un tel agrément qu'on croirait voir les boutiques du palais.

Mais, si belles et bien rangées soient-elles, ce n'est ni de la lingerie, ni de la roberie que je te voulais parler aujourd'hui, mais bien de la chère, de la belle, de la parfaite, de l'adorable Marie-Madeleine de Glapion des Roulis. Elle est d'une ancienne famille de Normandie, tombée, comme presque toutes nos familles, hélas ! dans la plus grande détresse, et dont presque tous les membres ont été réduits à occuper des emplois subalternes dans l'armée. A l'âge de dix ans elle fut admise à Noisy, l'année même de ton mariage. Mme de Maintenon la distingua aussitôt et en fit, selon son expression, « son enfant gâté ». Elle aime à l'entretenir et à la parer de perles et de rubans, et l'ascendant que par ses seules qualités Glapion a su prendre sur nous toutes est tel, que cette préférence, qui, accordée à tout autre, exciterait tant de jalousies, nous paraît à toutes juste et naturelle.

Que si tu me demandes de te faire le portrait de cette perle, de cette merveille, je te dirai que c'est une de ces créatures angéliques qui semblent douées de tous les dons du ciel. Elle est grande et bien faite, fort blanche et un peu pâle, avec des yeux pleins de feu et de douceur, à la fois. Elle a le visage long, le nez bien fait, de belles dents, les lèvres un peu minces. Toute sa personne est douce, tendre, séduisante; tout en elle respire la grâce et la bonté. Elle a une grande instruction, lit les Pères, les poètes, sait la musique et adore la géographie; personne ne sait faire de belles cartes comme elle. Avec tous ces avantages, elle a de nobles manières, un langage plein de charme, la voix la plus harmonieuse et un sourire toujours caressant.

Elle écrit d'un style si personnel, si spirituel, si poli et d'une singularité si naturelle, que les personnes du goût le plus délicat prennent plaisir à toutes ses lettres. Ces agréments sont joints à une candeur et à une simplicité d'enfant, à un naturel tendre, facile et complaisant, au don de plaire et de se faire aimer.

Tel est (ne va pas croire que j'exagère) le faible tableau des mérites et des attraits de Glapion. Qui mieux qu'elle est digne d'être adorée? Aussi je l'adore cette adorable Glapion.

26 novembre.

Claude Chabot de Fontenelle ayant, hier, mal rempli sa charge de balayer le réfectoire, la sœur converse de surveillance, sœur Souvigny, la reprit vivement. Outrée de dépit, Chabot, dont l'orgueil est sans égal, lui dit :

— Osez-vous bien parler ainsi à une personne d'une naissance si supérieure à la vôtre ?

Cette réponse hautaine fit verser des larmes à la pauvre sœur Souvigny. Surprise par Madame avec les yeux encore rouges, elle lui dut avouer ce qui s'était passé. Madame est venue ce matin dans la classe et nous y avons gagné d'être grondées par la faute de cette orgueilleuse Chabot. Après lui avoir fait de vifs reproches, Madame, s'adressant à nous toutes, parla à peu près en ces termes :

« Je ne sais, Mesdemoiselles, où vous avez pris la suffisance que l'on remarque en vous : cela ne se voit point dans la noblesse. Il ne faut jamais parler de votre naissance, et ce n'est que pour vous instruire qu'on en parle. Vous ne voyez pas vos maîtresses vous vanter leurs parents ; elles sont cependant demoiselles comme vous.

« Mme de Dangeau est une princesse étrangère, venue en France pour être demoiselle d'honneur de Mme la Dauphine. N'ayant pas un sol, elle a épousé M. de Dangeau qui est un gentilhomme. Elle voit passer devant elle je ne sais combien de gens qui ne sont seulement pas nobles ; vous m'avouerez que cela est bien triste pour elle. Elle pourrait dire : « Il est bien dur à une princesse de se voir traitée de la sorte. » Mais non, il y a cinq ans que je suis avec elle, et je ne crois pas que depuis ce temps elle ait jamais dit un mot de sa naissance.

« Vous ne mènerez pas loin cette fierté de votre naissance. Celles qui iront dans le monde, sentiront bien vite combien la noblesse est misérable ; présentement elle est comptée pour rien ; c'est au bien, à la fortune, au savoir-faire qu'on regarde dans le monde. Vous verrez bien des bourgeois marcher sur votre tête et entrer dans des maisons dont la porte vous sera fermée. Je n'ai pas d'instruction à leur donner là-dessus : elles sont assez humiliées et méprisées. Vous avez ici un grand bien qui est l'éducation. Les pauvres demoiselles qui sont dans le monde n'ont pas le même bonheur, et la misère est si grande présentement dans la noblesse, qu'un père fait sa servante de sa fille, ne lui demandant pas autre chose que de mettre la viande au pot, et n'a pas le temps de lui apprendre la moindre chose, ce qui fait qu'elles ont mille défauts. »

Comme c'est agréable de nous entendre dire toutes ces choses pénibles, pour cette impertinente Chabot! Aussi, en récréation, comme elle s'approchait d'Anne de Mornay d'Ambleville, qui, dans son adoration pour Madame, est au désespoir quand elle en a dû recevoir, même collectivement, le plus léger reproche, Anne lui a tourné le dos en disant :

— Laissez-moi tranquille, Chabot; allez causer

avec les personnes d'une naissance égale à la vôtre.

29 novembre.

Montalembert parlait en récréation d'un gentilhomme, autrefois ami de son père, qui, par un moyen peu délicat, s'était procuré une forte somme d'argent.

— Pour moi, dit Renard, je ne le blâme pas si fort, après la peinture peu séduisante que Madame nous fit l'autre jour de notre condition de demoiselles pauvres. Si la pauvreté entraîne tant d'humiliations après elle, n'est-il pas naturel de rechercher à tout prix une fortune sans laquelle on ne peut obtenir la considération due à sa naissance?

Comme tu le peux penser, nous nous mîmes toutes à protester. Attirée par le bruit, Madame vint vers nous. Elle s'informa du motif de la discussion et, sans un mot de reproche à Renard, s'adressant à nous :

— Mes filles, allez chercher votre ouvrage ; je passerai cette récréation avec vous.

Quand nous fûmes toutes assises autour d'elle :

— Je vous vais, nous dit-elle, raconter un trait de la vie de mon aïeul Agrippa d'Aubigné. Après la Saint-Barthélemy, mon aïeul contait un jour à M. de Talcy, dont il aimait la fille, que le manque d'argent l'empêchait de se rendre à la Rochelle où s'étaient retirés un grand nombre de huguenots. Le vieillard l'interrompit en lui disant :

— Vous m'avez autrefois raconté que les originaux de l'entreprise d'Amboise avaient été mis en dépôt entre les mains de votre père, et que dans l'une de ces pièces se trouve le seing du chancelier de L'Hôpital, qui, pour le présent, est retiré dans sa maison près d'Etampes. C'est un homme qui n'est plus bon à rien et qui a désavoué votre parti. Si vous voulez que je lui envoie un homme pour l'avertir que vous avez cette pièce, je me fais fort de vous faire donner six mille écus, soit par lui, soit par ceux qui voudraient s'en servir pour le ruiner.

Sur ce propos, mon aïeul, sans lui répliquer, s'en fut chercher un sac de velours tanné dans lequel étaient toutes ses écritures, le lui apporta et lui fit voir toutes les dites pièces. Après quoi, il les reprit de sa main, et les jeta au feu en sa présence, ce qui donna lieu au sieur de Talcy de le tancer rudement, à quoi mon aïeul répondit :

— Je les ai brûlées de peur qu'elles ne me brûlassent, car j'aurais pu succomber à la tentation.

Cette probité qui promettait de si nobles traits de vertu, frappa le sieur de Talcy qui, dès le lendemain, lui accorda sa fille ; mais les autres parents firent rompre le mariage à cause de la différence de religion.

— Ne croyez-vous pas, Renard, poursuivit Madame, que ma famille doit être plus redevable à mon aïeul de ce trait de désintéressement que des six mille écus, s'il les avait acceptés ?

Elle eût voulu être à cent pieds sous terre, la pauvre Renard !

Mme de Veilhant, qui est d'humeur belliqueuse et admire beaucoup la vie d'aventure de M. d'Aubigné, reprit, pour engager Madame à nous raconter encore quelques traits de cette vie :

— M. d'Aubigné ne se montra-t-il pas aussi d'un admirable désintéressement dans ses rapports avec le roi Henry de Navarre ?

— Oui, dit en riant Madame, mais ce désintéressement n'était pas toujours volontaire, et plusieurs fois mon aïeul ne craignit pas de rappeler au roi la récompense due à ses bons et loyaux services. C'est ainsi qu'après avoir été dépêché par Henry de Navarre dans une longue et périlleuse mission, il reçut en récompense le portrait du roi. Trouvant la gratification un peu mince, M. d'Aubigné mit au bas du portrait le quatrain suivant :

> Ce prince est d'étrange nature,
> Je ne sais qui diable l'a fait :
> Ceux qui le servent en effet,
> Il les récompense en peinture.

Ce quatrain nous fit beaucoup rire. Puis, de Mornay, qui ne manque aucune occasion de faire sa cour à Madame, dit :

— Pour vous, Madame, vous fîtes meilleur accueil au portrait que vous reçûtes de la feue reine Marie-Thérèse.

— Ce n'était pas du tout la même chose, dit Madame. Le roi avait récompensé mes services avec une libéralité qui surpassait fort mes mérites, et le portrait de la reine fut pour moi d'un prix inestimable, m'étant l'assurance que la reine partageait l'estime que le roi avait pour moi. Mais M. d'Aubigné était en droit de réclamer, lui que ses services avaient réduit à la misère ; aussi réclamait-il toujours, en pure perte il est vrai. Un jour ayant trouvé dans Agen le grand épagneul du Roi, abandonné et mourant de faim, il le recueillit, le mit en pension chez une femme de la ville et fit graver sur son collier ce sonnet :

« Le fidèle Citron qui couchait autrefois
Sur votre lit sacré, couche ores sur la dure.
C'est ce fidèle chien qui apprit de nature
A faire des amis et des traîtres le choix.

C'est lui qui les brigands effrayait de sa voix,
Des dents les assassins ; d'où vient donc qu'il endure
La faim, le froid, les coups, les dédains, les injures,
Payement coutumier du service des rois ?

Sa fierté, sa beauté, sa jeunesse agréable,
Le fit chérir de vous, mais il fut redoutable
A vos haineux, aux siens par sa dextérité.

Courtisans, qui jetez vos dédaigneuses vues
Sur ce chien délaissé, mort de faim par les rues,
Attendez ce loyer de la fidélité. »

Le chien fut ramené au roi, lequel changea de couleur en lisant ces vers et en resta confus, sans qu'il s'en montrât plus généreux du reste; aussi bien, en était-il empêché par le mauvais état de ses finances.

J'ai encore entendu raconter ce trait de mon aïeul. Se trouvant un soir couché dans la garde-robe de son maître avec le sieur de la Force, il lui dit :

— La Force, notre maître est un ladre vert et le plus ingrat mortel qu'il y ait sur la terre.

À quoi l'autre qui sommeillait répondit :

— Que dis-tu d'Aubigné?

Le roi, qui avait entendu, lui cria :

— Il te dit que je suis un ladre vert et le plus ingrat mortel qu'il y ait sur la terre !

De quoi l'écuyer resta un peu confus. Son maître ne lui fit pas pour cela plus mauvais visage le lendemain. Aussi ne lui donna-t-il pas un quart d'écu davantage.

Ce trait nous divertit tant que nous suppliâmes Madame de nous parler encore de M. d'Aubigné. Elle y voulut bien consentir et continua en ces termes :

— Le manque de générosité du roi n'empêchait pas M. d'Aubigné d'être fidèlement attaché à son maître, au service duquel il avait reçu douze blessures. Le roi savait qu'il pouvait compter sur lui malgré son juste mécontentement. M. d'Aubigné s'étant emparé de la ville de Maillezais et y ayant reçu en garde le cardinal de Bourbon, que la Ligue avait reconnu roi sous le nom de Charles X,

Duplessis-Mornay alléguant contre le choix qu'on faisait de mon aïeul son mécontentement qui était à craindre, le roi répondit : « Sa parole suffit. »

En effet, la duchesse de Retz lui fit offrir deux cent mille écus ou le gouvernement de Belle-Isle s'il voulait fermer les yeux sur l'évasion de son prisonnier. M. d'Aubigné répondit à l'envoyé :

— Belle-Isle me conviendrait bien mieux pour y manger le pain de mon infidélité; mais ma conscience qui me suit partout s'embarquerait avec moi quand je passerais dans cet asile. Partez donc, et sachez que, si je ne vous avais accordé un sauf-conduit, je vous enverrais pieds et poings liés au roi mon maître.

Aussi M. d'Aubigné pouvait-il écrire en tête de l'*Histoire universelle* de son temps ces lignes, que je sais par cœur pour les avoir souvent relues : « Nourri aux pieds de mon Roi desquels je faisais mon chevet en toutes les saisons de mes travaux, quelque temps élevé dans son sein et son compagnon en privautés, et lors plein des franchises et sévérités de mon village; quelquefois éloigné de sa faveur et de la cour, et lors si ferme en mes fidélités que, même au temps de ma disgrâce, il m'a fié ses plus dangereux secrets, j'ai reçu de lui autant de bien qu'il m'en fallait pour durer et non pour m'élever, et quand je me suis vu préférer mes inférieurs, je me suis payé en disant : « Eux et moi nous avons bien servi ; ceux-ci à la fantaisie du maître, et moi à la mienne. » Et plus loin : « Si depuis la grande tranquillité de la France j'ai été moins souvent près de Sa Majesté, ç'a été aux saisons où le repos de Capoue ne demande que la plume des flatteurs. »

Je vais encore, poursuivit Madame, vous dire un mot de la mort de ce parfait honnête homme de bien. Sa seconde femme raconta ses derniers moments dans une lettre que ma mère nous relut bien souvent, aussi puis-je vous la redire : « Il eut très bonne connaissance jusqu'à quelques moments avant qu'il mourût. Il nous rendit de grands témoignages de la joie qu'il ressentait ; et quand il faisait difficulté de prendre nourriture il disait : « Ma mie, laisse-moi en paix, je veux aller manger du pain céleste. » Regretté de tous les gens de bien, il termina ses jours en paix et, deux heures avant sa fin, il dit d'une face joyeuse et d'un esprit paisible et content :

> « La voici l'heureuse journée
> Que Dieu a faite à plein désir.
> Par nous soit gloire à lui donnée
> Et prenons en elle plaisir. »

J'ai mis quatre jours à l'écrire tout cela ; mais je ne regrette pas ma peine si tu trouves à lire ces récits un peu du plaisir que nous avons eu à les entendre.

DÉCEMBRE 1688

4 décembre.

Tu sais que la nièce de Madame, Mme de Caylus, quoique mariée depuis deux ans, suit encore nos exercices ; elle n'a du reste que dix-sept ans. Nous l'attendions en récréation avec la plus extrême impatience.

Tu n'en seras point surprise quand tu sauras qu'elle nous devait rendre compte de la lecture de la nouvelle pièce, *Esther*, de M. Racine. Madame, Mme de Brinon, ma sœur et Mme de Caylus assistaient à cette lecture.

Je t'ai parlé de notre représentation d'*Andromaque*. Tu sais que nous avions déclamé avec tant d'âme, et étions si bien entrées dans l'esprit des personnages, que Madame avait écrit à M. Racine : « Nos petites filles ont joué hier *Andromaque* et l'ont jouée si bien, qu'elles ne la joueront plus, ni aucune de vos pièces. » Inutile de te dire avec quelle consternation fut accueillie la nouvelle de la suppression de nos représentations.

Cependant Madame, pensant que ces sortes d'amusements sont bons à la jeunesse, qu'ils donnent de la grâce, ornent la mémoire, élèvent le cœur et remplissent l'esprit de belles choses, demanda à M. Racine de nous sortir de peine. Elle le pria d'essayer de faire sur quelque sujet de piété et de morale, une espèce de poème où le chant fut mêlé avec le récit, le tout lié par une action qui rendit la chose plus vive et moins capable d'ennuyer. Elle l'assura que cette pièce serait uniquement pour Saint-Cyr, et qu'on ne la ferait pas connaître du grand public.

Il paraît que cette demande jeta M. Racine dans un grand embarras. Comme il est très aimé de Madame, il voulait lui plaire ; mais ayant abandonné le théâtre et la poésie, il craignait de hasarder sa gloire avec une tragédie de couvent, un amusement de petites filles. Ne sachant à quoi se résoudre, il s'en fut consulter son ami M. Despréaux, qui décida brusquement qu'il fallait refuser.

A la réflexion cependant, M. Racine résolut d'essayer son génie dans des voies nouvelles. L'histoire d'*Esther* lui ayant paru, selon ses propres expressions, « pleine de grandes leçons d'amour de Dieu et de détachement du monde au milieu du monde même, il fit le plan de quelques scènes et les montra à M. Despréaux qui l'exhorta à continuer ce travail, avec autant de zèle qu'il avait mis à l'en détourner.

Aujourd'hui donc, la pièce étant terminée, M. Racine l'est venu lire dans l'appartement de Madame. C'est le résultat de cette lecture que nous attendions avec une impatience bien facile à concevoir. Aussi, lorsque Mme de Caylus est venue vers nous, l'avons-nous entourée avec tant d'empressement qu'elle ne savait à qui entendre.

Le calme s'étant enfin rétabli, elle nous a dit qu'elle était dans le ravissement. Il paraît que Madame est enchantée de la pièce de M. Racine, que sa modestie n'a pu l'empêcher de trouver dans le caractère d'*Esther* et dans quelques circonstances de ce sujet des choses flatteuses pour elle. Mme de Caylus dit que *La Vasthi*, épouse d'*Assuérus*, a ses applications, qu'il est facile de trouver des traits de ressemblance au traître *Aman*, et qu'indépendamment de tout cela, l'histoire d'*Esther* convient parfaitement à Saint-Cyr.

Selon le désir qu'en avait témoigné Madame, les principales scènes sont reliées par des chœurs, et il se trouve que M. Racine, à l'imitation des Grecs, avait toujours eu en vue de les remettre sur la scène. Tu penses si nous avons été enchantées de tous ces détails! Mais le plus important pour nous, c'était de savoir qui l'on allait choisir pour représenter les personnages d'*Esther*. Rien n'est encore décidé à ce sujet.

— Moi, dit modestement Renard, je vois très bien le rôle de la divine Esther. Ne croyez-vous pas, Madame, que des cheveux d'un blond hardi feraient très bien pour ce rôle?

En disant cela, elle tirait, autant qu'elle le pouvait, de cheveux hors de son petit bonnet.

— Je ne crois pas, dit Mme de Caylus en riant, que la Bible ait pris soin de nous renseigner sur la couleur des cheveux de la véritable *Esther*.

— Eh bien, moi, dit la moqueuse Montale mbert, je vous vais faire le portrait de *la divine Esther*. Elle avait les cheveux du plus beau roux, ou, plus délicatement dit, « blond hardi » qui se puisse imaginer, un teint agrémenté de taches de rousseur et le nez le plus impertinemment retroussé du monde.

Nous fîmes toutes de grands éclats de rire à ce portrait, non flatté, mais fidèle, de l'infortunée Renard, sinon de la *divine Esther*. C'est vrai que c'était un peu méchant de la part de Montalembert. Aussi la toute bonne Glapion l'a-t-elle tirée à l'écart pour lui faire des reproches. Mais imagine-t-on une outrecuidance semblable à celle de cette sotte Renard. Jouer *Esther*, elle ! Non, mais c'est à mourir de rire une telle prétention.

6 décembre.

Je pense que, ma sœur n'étant entrée à Noisy qu'après ton départ, tu ne la connais pas. Je m'en vais donc te la présenter. Marie-Françoise-Sylvine Lemaître de la Maisonfort fut, dès son enfance, nommée chanoinesse dans l'abbaye de Poussay en Lorraine. Notre famille est, tu le sais, une des plus anciennes, mais aussi une des plus pauvres du Berry. Ma mère mourut en me mettant au monde. Mon père se remaria et notre belle-mère nous rendit le séjour de la maison paternelle si insupportable que ce nous fut une véritable délivrance de la quitter.

Je fus mise à Noisy et ma sœur se rendit à Paris pour tâcher de se placer honorablement auprès de quelque princesse. Elle fut présentée par M. l'abbé Gobelin à Madame, qui lui proposa de venir à Noisy pour instruire les demoiselles. Elle y consentit, mais en témoignant sa répugnance pour la vie religieuse et en annonçant qu'elle se retirerait dès qu'on n'aurait plus besoin d'elle. Cependant, comme elle fit merveille à Noisy, Madame la décida à venir à Saint-Cyr. Les services qu'elle a rendus dans les classes sont tels que le roi lui a donné une terre de mille écus de revenus. De grands partis se sont alors présentés pour elle; elle les refuse soit par amour de l'indépendance, soit par inquiétude d'esprit, soit par l'envie, que je ne comprends guère du reste et que je ne partagerai jamais, de demeurer à Saint-Cyr. Elle est en effet céans, une sorte de personnage, ma chère sœur! Après Mme de Brinon, c'est à elle que vont tous les hommages. Le roi la considère, Madame est en admiration devant ses talents et ses grâces, et vit avec elle dans la plus grande familiarité.

C'est la plus aimée des maîtresses de notre classe. Elle a le goût du bel esprit et de la poésie. Elle nous fait apprendre les fables des fausses divinités, des histoires profanes, les philosophes et choses semblables. Elle plaît à tout le monde par son bon cœur, sa gaieté et le charme de ses entretiens, tantôt sur les grands écrivains du temps, tantôt sur les saints contemplatifs qui ont recherché la perfection de la vie chrétienne, comme sainte Thérèse et saint François de Sales. Après la lecture d'*Esther* elle a loué la pièce avec un goût qui combla de joie M. Racine. Il aime, du reste, à discourir avec elle, non seulement sur la poésie, mais aussi sur les choses saintes, et Mme de Caylus assure que c'est un charme d'entendre l'un et l'autre. Personne n'écoute les instructions de M. de Fénelon avec plus de ravissement; aussi dit-il un jour : « Mme de la Maisonfort est une de ces âmes d'élite capables des mystères de la plus sublime dévotion. »

En attendant qu'elle soit parvenue à ces sommets, elle nous enchante au contraire par ce qu'elle a gardé de mondain dans ses manières et de liberté dans l'esprit. Madame dit que c'est une âme ardente et inquiète, mais elle ne montre qu'un extérieur enjoué et étourdi. Elle a un cœur tendre et généreux, des manières affables, ouvertes et attirantes, une démarche pleine de noblesse, une beauté médiocre et pourtant pleine d'agréments, enfin un ensemble de séductions telles qu'elle exerce une sorte de fascination sur toutes les personnes qui l'approchent. Elle n'est à Saint-Cyr que sur le pied d'une maîtresse temporaire, en dehors de la communauté. Elle a vingt-huit ans et ne peut se décider à se fixer. Madame désire beaucoup la garder à Saint-Cyr comme religieuse, elle lui en jette donc des paroles selon les occasions et la fait sonder par des personnes de confiance, mais ma sœur ne se décide à rien, par une aversion naturelle pour tout engagement quel qu'il soit. Un engagement à Saint-Cyr, je comprends qu'on y regarde à deux fois ; mais il est tel autre engagement pour lequel ta petite Margot se ferait moins prier... S'il n'était pas si pauvre mon pauvre cousin !

9 décembre.

C'est demain le grand jour. Demain on choisit les personnages d'*Esther*. Cette attente, et les espérances ou les prétentions qu'elle éveille, nous fait des récréations très orageusement passionnées.

Depuis l'affaire de Renard, nous ne l'appelons plus que la *divine Esther*, mais ce ridicule nous rend plus discrètes, sinon dans nos prétentions, du moins dans l'expression de ces prétentions.

Plusieurs aspirent au rôle d'Esther, mais chacune s'en défend soigneusement. Ne va pas croire au moins que je compte parmi ces ambitieuses plusieurs. Ma vive petite personne ne se saurait guinder à la majesté toute royale que demande ce rôle. Ce qui ne veut pas dire que je n'espère pas faire dans cette tragédie mon petit personnage. Naturellement, je n'en laisse rien paraître ; je propose avec détachement telle ou telle pour chacun des rôles. Ainsi faisons-nous toutes, et chacune en propose une autre pour le rôle qu'elle croit seule pouvoir bien remplir.

Mais Margot est sincère avec son indulgente petite maman. Le vrai est que de tout mon cœur j'en voudrais avoir un de ces rôles! pas un long, mes prétentions ne vont pas jusque-là, je m'accommoderai d'un tout petit, du plus petit si l'on veut, mais il m'en faut un.

Songe un peu, on parle de très beaux costumes pour toutes celles qui joueront. Quoique je me plaise fort en *bleue*, je ne serai pas fâchée du tout de me voir une fois en plus galant costume; puis, les répétitions, c'est si amusant! On dit que c'est M. Racine qui les dirigera, ô joie! avec son ami M. Despréaux : ceci est moins enchanteur.

Enfin et surtout, si je suis choisie cela fera fort enrager cette insupportable Renard qui s'en va disant partout, de son air le plus dédaigneux :

— Dans tous les cas, j'espère bien que ce n'est pas parmi les nouvelles *bleues* qu'on choisira les actrices d'*Esther*. Il est certain que ce n'est pas dans la classe *jaune* qu'elles ont pu prendre les manières du bel air, indispensables pour représenter ces nobles personnages.

Avec ça qu'elle y peut prétendre aux manières du bel air cette sotte Renard! Enfin, ce qu'elle dit m'est bien égal. Pourvu, pourvu seulement que je le puisse avoir ce petit bout de rôle tant souhaité!

12 décembre 1888.

Ah ! ma bonne, quelle étonnante nouvelle ! Tout Saint-Cyr est consterné. Qui l'eût jamais pu croire, Mme de Brinon dont la faveur paraissait si bien établie, Mme de Brinon vient d'être ôtée de Saint-Cyr.

J'en suis au désespoir, et toutes celles de mes compagnes qu'elle traitait avec une faveur dont on lui a fait un grief de plus. Dans la surprise et l'émotion du premier moment, ma sœur, pressée par mes questions, m'a tout conté.

Il paraît que de longue date, et sans qu'elle en montrât rien, Madame était très mécontente du personnage que Mme de Brinon faisait à Saint-Cyr. Ce malheureux voyage en Bourbonnais où, par le déploiement d'un faste quasi royal, Mme de Brinon a donné prise aux railleries des courtisans jaloux de sa faveur, a tout fait éclater. Voici, d'après ma sœur, les circonstances de ce déplorable événement :

La marquise de Montchevreuil, intime amie de Mme de Brinon, vint avant-hier à Saint-Cyr, chargée d'une lettre de cachet, portant ordre de sortir le lendemain de la maison à pareille heure, et d'une décharge de la supériorité.

Elle se rendit à l'appartement de Mme de Brinon et après bien des détours lui prononça sa sentence. Mme de Brinon, persuadée que l'estime et l'amitié de Madame étaient inaltérables, ne revenait point de sa surprise.

Après les sanglots et les pleurs du premier mouvement, elle fit fermer son appartement, pria de ne parler à personne de son malheur, le cacha même à ses femmes, et mit le reste de la journée à faire ses préparatifs de départ d'un air empressé et serein. Mme de Monchevreuil l'ayant assurée que la communauté lui ferait une pension de deux mille livres :

— Qu'est-ce que cela, répondit-elle, auprès de ce que je perds.

Hier la portière, Mme de Gautier, la voyant sortir s'écria :

— Eh! Madame, vous allez faire un voyage et nous n'avons pas eu le temps de nous affliger, faute de le savoir.

Mme de Brinon l'embrassa et lui dit que ce ne serait pas pour longtemps.

Elle donna ordre qu'on la menât à l'hôtel de Guise à Paris. Elle se fit annoncer chez Mme la duchesse de Hanovre avec qui elle était liée. Cette dernière se récria sur le bonheur qu'elle avait de recevoir chez elle une personne de la dignité, du mérite, de la faveur de Mme de Brinon. Elle vint au-devant elle avec les princesses ses filles. Je ne sais si Mme de Hanovre soutint cette attitude, après le récit que Mme de Brinon lui dut faire de sa disgrâce.

Il paraît que Madame répand dans le monde

que les infirmités, la vieillesse, l'amour de la solitude ont porté M°° de Brinon à se retirer; mais qui le pourra croire?

On dit que toutes les dames ne sont pas si fâchées du départ de leur supérieure; plusieurs en étaient venues à tout à fait trembler devant elle.

Madame a rassemblé ce matin la communauté et a dit aux dames « que, voulant établir Saint-Cyr dans une exacte régularité, elle avait craint que M°° de Brinon n'y entrât pas avec assez de zèle; qu'elle avait été excellente dans le commencement de l'établissement pour lui aider à mettre les choses au point où elles en étaient : mais que chacune ayant son don et sa mesure, elle ne l'avait pas crue si propre à les conduire à la perfection où elle les désirait; qu'une autre de ses raisons était de voir comment la maison serait gouvernée, par une supérieure de leur corps et que cela n'aurait pas été possible avec M°° de Brinon qui était accoutumée à tout conduire avec une grande autorité. »

S'il est facile à nos maîtresses de se résigner au remplacement de M°° de Brinon, nous, du moins, nous sommes désolées, je veux dire toutes celles qui la révérions et la chérissions si particulièrement.

Et sais-tu qui doit remplacer une femme si remarquable? Je te le donne en cent! C'est tout simplement M°° de Loubert, oui, ma bonne, ton ancienne amie de Noisy qui a à peine vingt-deux ans. Dès que la démission de Mme de Brinon est arrivée, par commission de Mgr l'évêque de Chartres, Mme de Loubert a été provisoirement nommée pour gouverner Saint-Cyr ; de toutes les façons elle ne nous semble qu'une demi-supérieure. Elle a servi pendant deux ans de secrétaire à Madame, et, pour être juste, il faut reconnaître qu'elle est aimée de tout le monde à cause de sa modestie et de sa douceur. Mais, c'est égal, voilà une supérieure que les nouvelles *rouges* ne seront jamais tentées d'appeler Sa Majesté !

22 décembre.

Après la vive émotion causée par le départ de Mme de Brinon, la vie a repris paisible à Saint-Cyr. Quelques manques de soumission à Mme de Loubert (il m'en coûte de l'appeler notre supérieure) ayant été vertement repris par Madame, tout est rentré dans l'ordre, en apparence du moins ; mais les regrets sont au fond de bien des cœurs.

Il paraît que, après quelques jours passés dans une maison religieuse de Paris, n'ayant pu s'accommoder à la règle, Mme de Brinon s'est retirée dans l'abbaye de Maubuisson où on lui permet de s'établir à sa fantaisie et sans dépendre de la communauté.

Nous avons eu aujourd'hui la cérémonie des

vœux simples de Mme de Veilhant. M. l'abbé de Nivers, notre organiste, avait composé pour cette circonstance un motet pris du *Cantique des cantiques : Adjuro vos, filiæ Jerusalem*. Clapion l'a chanté de sa belle voix qui va jusqu'au cœur. Elle a fait versé d'abondantes larmes à M. Racine, qui assiste à toutes nos cérémonies de prise de voile et de profession.

C'est Madame (Mme de Loubert n'ayant sans doute pas paru assez imposante) qui a donné à la nouvelle religieuse le grand manteau, le voile et la croix d'or. M. l'abbé Desmarets a prononcé une remarquable allocution. Enfin, la cérémonie a été très belle, très touchante et (ne va pas croire que c'est à l'imitation de M. Racine) la folle petite Margot a versé plus de six larmes.

Jeudi 23 décembre.

Madame étant, ainsi qu'elle le fait parfois, entrée chez ma sœur, comme j'étais là, elle a bien voulu m'y souffrir et a raconté devant moi cette étrange nouvelle de l'arrivée de la reine d'Angleterre. Je te vais redire tout le détail de cette surprenante aventure.

Ce matin, M. de Seignelay entra chez le roi qui était encore au lit et lui apporta des lettres de M. de Lauzun, qui vient d'arriver à Calais ayant emmené avec lui la reine d'Angleterre et le prince de Galles que le roi Jacques II lui avait confiés.

Voici comment M. de Lauzun rend compte de ce départ hasardeux. La reine se coucha comme à son ordinaire. Après avoir fait éloigner ses femmes, elle se releva. M. de Lauzun, qui l'attendait, la fit monter en carrosse avec lui, pour aller chercher le prince de Galles avec sa nourrice et sa remueuse.

Ils entrèrent ensuite dans un petit bateau le long de la rivière où ils eurent un si gros temps qu'ils ne savaient où se mettre. Ils parvinrent à un yacht où la reine fut toujours cachée à fond de cale et où elle était entrée portant le prince de Galles sous son bras comme un paquet de linge sale. L'enfant n'a pas crié et tout s'est passé fort heureusement. Le patron du yacht ne croyait mener que des gens du commun, comme il en passe souvent. Il ne songea qu'à passer tranquillement au milieu de cinquante bâtiments hollandais qui ne regardaient pas seulement cette petite barque, et ainsi protégée du ciel et à couvert de sa mauvaise mine, elle aborda à Calais.

La reine n'a point voulu qu'on lui fit aucuns honneurs. Le roi lui a envoyé un de ses gentilshommes ordinaires pour se réjouir de son heureuse arrivée. Sa Majesté va faire partir des carrosses, des gardes et toutes sortes d'officiers pour servir la reine. M. le Premier doit conduire sa maison comme son père l'avait conduite en pareille occasion, allant au-devant de la feue reine d'Angleterre. On doit mener la reine à Vincennes que l'on a fait meubler. Sa Majesté a déclaré qu'elle irait au-devant d'elle.

Madame et ma sœur ont fort admiré la beauté de l'aventure de M. de Lauzun, qui après avoir mis la reine et le prince en sûreté, veut retourner en Angleterre pour courir la triste et cruelle fortune du roi. Pour moi, je plains de tout mon cœur cette pauvre reine dépossédée de son royaume et réduite à courir de tels hasards en tremblant à chaque instant pour la vie du roi.

21 décembre.

Comme nous parlions en récréation de la prise d'habits de Mme de Veilhant, cette rieuse Montalembert nous dit que si, selon le désir de sa famille, elle se décidait à se faire dame de Saint-Louis, ce serait uniquement pour le plaisir d'en porter le majestueux costume. Cette folie nous fit rire et nous la dîmes à ma sœur qui en badina avec nous.

A ce propos, elle nous raconta que, quand le costume des dames de Saint-Louis avait été prêt, le roi l'avait voulu voir, et afin qu'il en pût mieux juger, la femme de chambre de Madame, Mlle Balbien, sa chère Nanon, comme elle l'appelle, s'en habilla et se présenta devant Sa Majesté ainsi vêtue.

Le roi regarda avec beaucoup d'attention tout ce qui était sur elle et le trouva fort bien, à la réserve du bonnet de taffetas et de gaze que Madame avait d'abord fait faire de la façon la plus simple qu'il se pouvait. Comme le roi est de bon goût et qu'il n'entendait pas autrement les raisons de cette simplicité, il dit :

— Quel diable de petit bonnet est-ce là ?

Madame rit, mais voyant qu'il ne lui plaisait pas, elle fit faire le modèle un peu moins simple, quoique fort modeste, que portent les Dames, et qu'il agréa comme le reste de l'habit, dont il parut fort content.

Il est en effet très beau ce costume ; je te le vais décrire puisque tu ne le connais pas. Il se compose d'un manteau et d'une jupe en belle étamine du Mans, noire, avec un jupon fort propre aussi d'étamine, doublé de ratine en hiver. Ce jupon est de fantaisie rayée en été. Les souliers sont de maroquin noir ; les bas de laine, et de coton ou de fil en été. Les gants noirs, bronzés, sont doublés de blanc. La coiffure est très seyante ; c'est un bonnet de taffetas noir avec une gaze noire gaudronnée tout autour avec une espèce de voile d'épomille, froncé par derrière, qui descend par delà les coudes. Il est permis de montrer un peu de cheveux sous la coiffe. Sur le cou, un mouchoir, une collerette de taffetas noir avec un bord de toile de batiste large de quatre doigts et attaché par devant avec quatre petits rubans qu'on appelle nonpareilles. Les manchettes de toile unie et médiocrement fines sont cousues à la chemise et attachées, en dedans du bras, d'un ruban noir.

Sur la poitrine, les dames portent une croix d'or, parsemée de fleurs de lys, ayant d'un côté un christ et de l'autre un saint Louis. La croix des religieuses diffère de celle de la supérieure en ce qu'elle a tous ces ornements en gravure ; celle de la supérieure les porte en relief.

Enfin, pour aller au chœur, les dames ont un grand manteau d'une légère étamine noire dont la queue est de trois quarts de long. Tout cela compose un habit fort noble, fort grave et fort modeste, qui me plaît beaucoup comme à Montalembert, mais pas au point de me vouloir, comme elle, faire dame de Saint-Louis pour avoir le droit de le porter. Du reste il va surtout bien aux beautés majestueuses, et la majesté ce n'est pas, oh ! mais pas du tout, le genre de la petite Margot.

29 décembre.

Je l'ai enfin, je l'ai ce rôle tant souhaité, et pas du tout un petit, comme j'osais à peine l'espérer, mais un vrai, un important, le rôle d'*Elise*, confidente d'*Esther*. Tiens, je suis trop contente !

C'est la tête de Renard qu'il fallait voir ! Elle fait seulement partie des chœurs et n'était guère triomphante, je t'assure. Aussi je ne lui en veux plus de ses méchancetés, je suis bien trop heureuse.

Depuis le dix, nous attendions cette distribution des rôles, sans cesse retardée, avec la plus extrême impatience. Ce matin enfin, on nous a réunies, toutes les *bleues* et les grandes *jaunes*, puis Madame est venue avec MM. Racine et Despréaux, et nous avons été pour ainsi dire passées en revue. M. Racine disait :

— Ne vous semble-t-il pas, Madame, que cette demoiselle ferait bien tel personnage ?

Madame approuvait, et la demoiselle était choisie à l'essai. On s'est d'abord occupé de la *divine Esther*. Tu penses bien que M. Racine est trop homme de goût pour avoir eu seulement un regard pour les cheveux « blond hardi » et les taches de rousseur de l'infortunée Renard.

Personne du reste n'osait plus guère l'espérer, ce rôle. Nous étions persuadées qu'il était réservé à Mme de Caylus et de fait, M. Racine le lui a proposé, mais elle a refusé, ne voulant pas, disait-elle, priver une demoiselle du plaisir de jouer ce beau rôle. (C'est M. Racine lui-même qui nous a dit cela, car Mme de Caylus n'en avait soufflé mot à personne.) N'est-ce pas un désintéressement admirable !

Ce fut de Veilhenne qui eut ce beau rôle d'*Esther* tant convoité. C'est justice qu'on l'ait choisie, car elle a bien de l'esprit, un grand air, enfin, en tout, la figure convenable à ce personnage.

De Lastic fait *Assuérus*. Madame dit un jour, en parlant d'elle, à ma sœur : « Cette petite est belle comme le jour. »

M. Racine a eu de la peine à fixer son choix pour le rôle de *Mardochée*. Il hésitait entre plusieurs demoiselles. Pour les essayer, il leur faisait lire le beau passage :

« Quoi, lorsque vous voyez périr votre patrie,
Pour quelque chose, Esther, vous comptez votre vie ! »

et aucune n'arrivait à le satisfaire.

M. Racine avisa alors ma chère Glapion qui, bien loin de se mettre en avant comme les autres, se tenait modestement dans le fond de la salle, confondue avec les *jaunes*. Il lui demanda de réciter à son tour quelque chose à son choix. Elle dit la prière d'*Iphigénie* :

« Mon père
Cessez de vous troubler, vous n'êtes point trahi.
Quand vous commanderez vous serez obéi. »

et la récita avec tant d'âme, d'un air à la fois si noble, si touchant et si modeste, que M. Racine transporté dit à Madame, qu'il avait trouvé un Mardochée « dont la voix allait jusqu'au cœur ».

D'Abancourt fait Aman, c'est un rôle de traître. Elle insinua que mon personnage lui conviendrait bien mieux et que nous pourrions peut-être échanger nos rôles. M. Racine lui répondit que j'étais de tout point l'Élise qu'il avait rêvée. De là, mortification de d'Abancourt, et joie orgueilleuse de ta petite Margot.

En bonne justice, avoue que tu ne me vois pas du tout dans un rôle de traître. Je serais un bout de petit traître de rien du tout, que personne ne prendrait au sérieux.

D'Abancourt s'est consolée en disant qu'après tout son rôle étant plus long que le mien, elle serait plus longtemps en scène, et qu'il ne tiendrait qu'à elle de donner un air intéressant au personnage du traître Aman. Je ne sais pas, par exemple, ce que M. Racine pensera de cette singulière façon d'entrer dans l'esprit de ses personnages.

De Marsilly, dont toute la personne est aimable et pleine d'agrément, fait *Zarès*. De Mornay, très agréable aussi, fait *Idaspe*; mais elle espérait que le culte dont elle fait en toute rencontre si hautement profession pour Madame, lui vaudrait un rôle plus important.

M. Moreau, musicien de la communauté, a fait pour les chœurs une musique qui est, dit-on, divine. De Champigny, de Beaulieu, de la Haye, qui ont une très belle voix, ont été choisies pour conduire les chœurs.

Je t'assure que nous étions intéressantes à regarder pendant la distribution des rôles. Pour les premiers, comme on n'osait pas trop les espérer, excepté l'ennui de les voir attribués à telle ou telle, on n'était pas trop déçue pour son propre compte. Mais il n'était pas une de nous qui n'espérât au moins un petit rôle, et à mesure que ces rôles étaient distribués, les visages s'allongeaient par l'effet de la crainte de ne s'en voir attribuer aucun.

Quand Renard vit que tout espoir d'obtenir un rôle était perdu :

— Hé quoi ! fit-elle douloureusement, si peu de personnages parlants !

A quoi Montalembert riposta avec son habituelle liberté :

— Consolez-vous, Renard ; quand les rôles seraient trois fois plus nombreux, il n'y en aurait pas eu pour vous.

— Il n'y en a pas davantage pour vous, à ce que je vois, reprit aigrement Renard.

— Oui, dit en riant Montalembert, mais moi je me rends justice. Je me sais peu propre à la déclamation, et j'aime mieux n'avoir pas été choisie que d'être un objet de raillerie à cause de ma mauvaise récitation.

— Je pense que c'est un accident à quoi je n'aurais point été exposée, reprit Renard. Du reste ma chère, on voit que vous avez profité de la lecture qu'on nous fit l'autre jour de la fable de M. de la Fontaine : *Le Renard et les raisins*, et je crois bien qu'en ce moment la plus Renard de nous deux n'est pas celle qu'on pense.

Pas mal, dis, pour cette ordinairement si sotte personne ? Nous rîmes toutes, Renard triomphait ; mais il n'est pas facile de l'emporter en raillerie sur Montalembert :

— Mais c'est de l'esprit, cela, Renard ! pour la nouveauté du fait, souffrez que je vous embrasse.

Et elle embrassa Renard, rouge de colère, car

nous riions de plus belle, et cette fois ce n'était pas de Montalembert.

Après ce petit intermède, M. Racine déclara que celles qui n'avaient point été choisies feraient partie du chœur des jeunes Israélites. Madame dit avec bonté qu'il y aurait, pour les personnages et les demoiselles du chœurs, de beaux costumes à la persanne. Cette promesse a rasséréné tous les visages, et pendant toute la récréation, nous avons discuté avec passion sur ces bienheureux costumes persans. Je me vois avec transport en persane. Crois-tu que ce costume m'ira bien ? Je pense que oui. Tiens, je t'embrasse de joie et suis bien la plus heureuse future petite persane du monde.

DEUXIÈME PARTIE
1689

4 janvier 1689.

Nous avons répété *Esther* devant Madame et MM. Racine et Despréaux. Nous savions toutes très bien nos rôles, mais nous avions si grand'peur de mal dire que nous avons en effet très mal dit. M. Racine nous reprenait avec beaucoup de douceur. Il nous donnait le ton lui-même et nous répétions après lui.

Il a dit avec une si haute éloquence les superbes vers de Mardochée :

« Quoi, lorsque vous voyez... »

que d'un mouvement spontané, nous l'avons applaudi avec transport, et il a eu un moment de la confusion la plus aimable.

Après cela, Glapion ne voulait pas reprendre le passage :

— Non, disait-elle, je n'oserai jamais. C'est gâter les vers de M. Racine que de les redire après lui.

M. Racine l'a doucement encouragée en lui

disant qu'il était assuré qu'elle s'en tirerait très bien. Elle a fait de son mieux et il s'est déclaré satisfait.

C'est plaisir de répéter avec M. Racine, mais quand M. Despréaux s'en mêle, tout est perdu. Il nous glace par son air rébarbatif et ne sort de son farouche silence que pour nous jeter de flatteurs encouragements comme ceux-ci par exemple : « Mais remuez-vous donc, mademoiselle *Mardochée*, on dirait que vous avez les pieds cloués au sol !... — Mademoiselle *Elise*, c'est pour vous que vous parlez, sans doute, je vous préviens que je n'entends pas un traître mot de ce que vous dites ! » Et à la pauvre *Esther*, au beau milieu de sa prière : « Voulez-vous que je vous dise, eh bien, c'est un crime, oui, mademoiselle, un crime, de dire ces beaux vers avec si peu d'âme. »

Il est certain que Veilhenne, très intimidée, avait dit sa prière sans beaucoup de conviction.

Et comme M. Racine essayait de prendre notre défense.

— Si cela vous plaît, lui dit M. Despréaux d'un ton bourru, d'entendre ainsi abîmer vos vers, je n'ai plus rien à dire. Mais n'oubliez pas que je vous avais prévenu que c'était vous lancer dans une étrange entreprise que de faire une tragédie pour de jeunes demoiselles.

M. Racine, qui souffrait pour nous de ces paroles peu aimables, essayait vainement de calmer son irascible ami.

— Oui, oui, c'est entendu, elles sont charmantes

ces demoiselles! Mais se doutent-elles seulement de la beauté des vers qu'elles disent?

Et prenant en main le manuscrit, il se mit à nous expliquer la prière d'Esther, à nous faire remarquer l'élévation des sentiments, la douceur et l'harmonie enchanteresse des vers, et toutes sortes de beautés dont, en effet, nous ne nous serions pas avisées sans cette très lumineuse et très intéressante explication.

La scène de l'évanouissement d'*Esther* a été l'occasion d'un petit incident qui nous a fort diverties.

Lorsque, voyant le courroux d'*Assuérus*, *Esther* dit :

« Mes filles, soutenez votre reine éperdue,
« Je me meurs... »

l'inévitable Renard, qui s'était mise en avant des demoiselles du chœur pour soutenir *Esther*, demeurant immobile, celle-ci tourna la tête et lui fit signe d'avancer, afin qu'elle pût s'évanouir avec sécurité entre ses bras; cela fit rire, et M. Racine leur dit de recommencer la scène. Mais ce n'était jamais bien. Renard tendait les bras avant qu'*Esther* eût dit :

« Je me meurs... »

ou bien elle ne s'avançait pas à temps pour recevoir *Esther* lorsque celle-ci s'abandonnait. Alors, pour lui montrer, M. Racine prit la place de Renard, et, au moment précis du :

« Je me meurs... »

il reçut la languissante *Esther* tout étonnée de se trouver dans les bras de M. Racine qui, à nos rires étouffés, demeura fort interdit de ce qu'il avait osé. Mme de Fontaine, qui nous surveille pendant les répétitions, en a eu un pied de rouge sur le visage. La fin de la répétition a marché tout de travers sans que M. Racine ait témoigné la moindre velléité de nous indiquer de nouveaux jeux de scène.

9 janvier.

Madame fut hier voir la reine d'Angleterre, et a raconté ce matin à ma sœur cette visite dont je te vais redire le détail. La reine la reçut fort bien et lui dit pour l'avoir fait attendre un moment :

— Je suis bien fâchée d'avoir perdu ce temps de voir et d'entretenir une personne dont je souhaitais si passionnément la connaissance.

Le roi s'est montré pour ces Majestés anglaises de la plus magnifique générosité. Lorsque la reine quitta Vincennes pour venir s'établir à Saint-Germain afin d'être plus près de la cour, le roi fut au-devant d'elle avec toute sa maison et cent carrosses à six chevaux.

Quand il aperçut le carrosse du prince de Galles, il descendit et ne voulut point que ce petit enfant, beau comme un ange, descendît. Il l'embrassa tendrement, puis il alla au-devant de la reine qui était descendue. Il la salua, lui parla quelque temps, la mit à sa droite dans son carrosse, lui présenta Monseigneur le dauphin et Monsieur, et la mena à Saint-Germain où elle trouva toutes sortes de hardes et une cassette très riche avec six mille louis d'or, le tout lui étant destiné.

Le lendemain, le roi rendit visite à la reine. Il la quittait quand on lui vint dire que le roi d'Angleterre, qui, après bien des péripéties, avait pu gagner la France, venait d'entrer dans la cour du château. Le roi alla au-devant de lui jusqu'à la porte de la salle des gardes. Le roi d'Angleterre se baissa jusqu'à ses genoux comme s'il eût voulu les embrasser, mais le roi l'en empêcha, il l'embrassa et ils demeurèrent fort longtemps à s'entr'embrasser. Ensuite, le roi lui tenant toujours la main, le conduisit dans la chambre de la reine sa femme, et le lui présenta, disant :

— Je vous amène un homme que vous serez sans doute bien aise de voir.

La reine eut peine à retenir ses larmes. Le roi les laissa, ne voulant pas être reconduit, et disant au roi d'Angleterre :

— Voici votre maison ; quand j'y viendrai, vous m'en ferez les honneurs, et je vous les ferai quand vous viendrez à Versailles.

Madame loue fort la reine d'Angleterre. Elle a, paraît-il, beaucoup d'esprit. Elle dit au Roi, lui voyant caresser le prince de Galles qui est fort beau :

— J'avais envié le bonheur de mon fils qui ne sent point ses malheurs, mais présentement je le plains de ne point sentir les caresses et les bontés de Votre Majesté.

Peut-être cette reine nous fera-t-elle l'honneur de venir visiter Saint-Cyr ; nous brûlons toutes de la connaître.

14 janvier.

Aujourd'hui, nous avons essayé nos costumes. Nous étions dans une furieuse impatience de les voir, car nous nous en faisions une idée magnifique, mais qui s'est trouvée cependant fort au-dessous de la réalité. Brocarts, gazes lamées d'or et d'argent, jamais nous n'avions osé espérer de telles merveilles ! Tous ces costumes seront rehaussés des perles et des diamants du Temple, qui ont servi autrefois dans les ballets et mascarades où Sa Majesté daignait paraître. Il y en a bien pour quatre mille livres, ce qui, avec les habits, ira à quatorze mille livres.

Nous étions toutes dans le ravissement et ne savions comment témoigner à Madame notre extrême reconnaissance. *Assuérus* est resplendissant, *Esther* éblouissante. Quoi qu'en moins grand appareil, la petite Margot n'est pas mal non plus, sais-tu ?

On nous a permis de nous aller regarder au miroir. Ah ! ma chère, que la jolie persane qui m'est apparue est autrement de mon goût que la petite pensionnaire que j'ai été jusqu'ici, et que je redeviendrai, hélas ! après ces représentations impatiemment attendues.

Seule, Renard n'était pas contente. Elle trouvait trop simple le costume des personnages du chœur.

— Il me semble, disait-elle, qu'une reine si magnifique devrait avoir des suivantes plus richement habillées ; si seulement nous avions un rang de perles !

Elle s'est pourtant consolée en voyant que sa tunique bleue était encore plus élégante que la tunique brune de l'austère *Mardochée*. La chère Glapion supportait très bien cette disgrâce.

— Après tout, dit Renard, je suis encore mieux que Glapion.

— Je suppose, ma chère, que c'est du costume seulement que vous voulez parler, reprit l'impitoyable Montalembert.

Et nous de rire !

Nous soupirons maintenant après le jour où nous pourrons enfin nous montrer dans nos superbes atours. Ah ! ma bonne, quelle admirable chose que la parure ! Pour moi, j'avoue que j'en suis folle !

18 janvier.

Madame nous a fait représenter *Esther* devant elle et quelques amis particuliers, afin de nous donner de l'assurance et de remarquer nos défauts pour y porter remède, car (nous sommes toutes transportées par cette nouvelle) il ne s'agit de rien moins que de nous faire représenter *Esther* devant le roi !

Oui, ma bonne, ta petite Margot aura l'honneur de paraître devant Sa Majesté et de réciter pour Elle les beaux vers de M. Racine. Je suis bien reconnaissante à ce bon M. Racine, et même à ce bourru M. Despréaux de la peine qu'ils ont prise pour nous exercer, avant de nous exposer dans ce spectacle à des yeux aussi respectables et aussi connaisseurs que ceux de Sa Majesté.

Depuis surtout que l'on nous a annoncé que nous paraîtrions devant le roi, nous ne sommes plus occupées que d'*Esther*. Nous parlons d'*Esther* en récréation, nous y rêvons la nuit et je crois bien que c'est le plus clair objet de notre méditation du matin.

Dans son zèle et sa crainte de manquer, *Aman* passait les nuits à se réciter son rôle, pourtant pas très long. Mais Montalembert lui ayant fait remarquer qu'elle aurait les yeux battus et le teint brouillé le jour de la représentation, elle s'endort sagement dès le coucher. Mais sa préoccupation de bien dire ne s'endort pas avec elle et de Mornay, sa voisine de lit, assure que toute la nuit, dans son sommeil, Aman répète des lambeaux de son rôle :

« Un je ne sais quel trouble empoisonne ma joie... »

ou bien :

« Il faut des châtiments dont l'univers frémisse... »

ou encore celui-ci, bien de circonstance :

« Ah ! que ce temps est long à mon impatience !... »

Enfin, que te dirai-je ? il est certain qu'*Esther* nous a tourné la tête à toutes, même un peu à la très parfaite Glapion. Tu comprendras qu'il y a de quoi, quand tu sauras qu'on dit, mais encore en grand mystère :

« Que ce jour solennel arrive dans dix jours. »

21 janvier.

Je suis au comble de la joie. Voici une lettre que Glapion vient de recevoir de Madame, et qu'elle a bien voulu me faire lire. Cette preuve de confiance te prouve que notre amitié est en bonne voie. J'ai permission de te transcrire cette lettre :

« C'est mercredi que je compte que nous ferons représenter *Esther*. Tenez tout prêt. J'ai fait écrire à M. de Nivers de se rendre à Saint-Cyr pour accompagner avec le clavecin. Je suis ravie, ma chère enfant, de vous voir occupée de Dieu comme vous l'êtes ; je prie Dieu de tout mon cœur de se rendre maître du vôtre et de vous conduire dans la voie la plus assurée pour votre salut ; si j'y pouvais contribuer, je m'estimerais trop heureuse, et vous pouvez vous adresser à moi avec toute sorte de liberté. »

Tu sais que c'est un véritable événement quand

l'une de nous reçoit une lettre de Madame. Mais personne ne pousse les choses aussi loin que de Mornay.

— Ah ! dit-elle, en soupirant, quand elle apprit que la lettre que lisait Glapion était de Madame, il y a des gens qui sont bien heureux et qui ne comprennent pas leur bonheur. Ainsi, voyez Glapion, elle lit cette lettre tout simplement comme si c'était de la première personne venue.

— Comment donc voudriez-vous qu'elle la lût ? demanda Montalembert.

— Il me semble, répliqua de Mornay qu'il n'y a pas là matière à raillerie. Pour moi, le jour où je recevrai une pareille faveur sera le plus beau jour de ma vie, et je porterai sans cesse sur mon cœur, comme un talisman, la précieuse lettre. Mais hélas ! gémit-elle, ce n'est pas à moi que Madame accorderait l'honneur d'une lettre.

— A moins, dit en riant Mme de Fontaines que pour vous guérir de votre exagération Madame n'en usât avec vous comme avec une de nos sœurs que je ne vous nommerai pas. Cette religieuse n'ouvrait les lettres qu'elle recevait de Mme de Maintenon qu'avec un tremblement de respect, et après s'être prosternée devant le Saint-Sacrement afin d'obtenir la grâce de profiter de la lecture de la lettre révérée. Et cela dura jusqu'au jour où Madame, qui aime trop la simplicité pour n'être pas impatientée de ce manège, lui écrivit une lettre renfermant ces simples mots :

« Ma chère sœur, mon rhume est passé, j'espère que votre santé est bonne. »

Cette histoire nous fit rire, mais de Mornay n'en voulut pas démordre et déclara que même ces peu transportantes lignes seraient pour elle d'un prix inestimable.

Je ne sais à qui elle en veut imposer cette Mornay, mais nous sommes toutes convaincues que dans ce grand étalage d'affection et de vénération, il y a une large part de comédie.

26 janvier.

Je te veux donner tous les détails de cette représentation qui comptera parmi les grands événements de Saint-Cyr.

Par ordre de Madame, on a dressé le théâtre dans le vestibule des dortoirs, qui se trouve au deuxième étage du grand escalier des demoiselles. Le vestibule a été séparé en deux : un côté est destiné aux actrices, l'autre aux spectateurs. On a placé des gradins en amphithéâtres tout autour des murs depuis le haut jusqu'en bas, pour les demoiselles de toutes les classes : les *rouges*, en haut ; au-dessous, les *vertes* ; puis les *jaunes* ; enfin les *bleues* qui commencent le premier rang d'en bas ; de l'autre côté sont les gradins pour la communauté. Dans le milieu et devant le théâtre, quantité de sièges pour les spectateurs.

On a fait pour le théâtre de superbes décorations représentant le palais, les jardins d'*Assuérus*. Ces décors ont été peints par M. Borin, le décorateur des spectacles de la cour. Le tout est éclairé par des lustres de cristal avec des bougies d'un effet éblouissant. Sa Majesté avait fait venir ses musiciens qui s'étaient exercés sur la musisique de M. Moreau. Notre organiste, M. l'abbé de Nivers, accompagnait sur le clavecin.

Comme le théâtre est à un bout du dortoir des *jaunes*, nous avons tout ce dortoir à notre disposition. C'est là que nous nous tenons, prêtes à représenter quand il est temps. On y avait fait du feu, il y avait des liqueurs et toutes les autres choses nécessaires. Mme de Fontaines nous gardait avec les autres maîtresses, afin qu'il ne se passât rien qui ne fût dans l'ordre. M. Racine était là aussi pour nous faire aller et venir sur le théâtre quand il était temps. Il encourageait par de bonnes paroles celles d'entre nous qui étaient trop intimidées. Malgré sa douceur, nous lui obéissons toutes, comme nous le pourrions faire à la plus sévère de nos maîtresses.

M. Despréaux avait, comme toujours, accompagné son ami. Il ne nous fait plus si grand'peur ; nous savons que ses brusqueries avaient uniquement pour cause son grand désir du succès de l'œuvre de M. Racine, et nous le souhaitons aussi passionnément que lui, ce succès.

Le roi, accompagné de Monseigneur, arriva

vers deux heures. Il se rendit d'abord dans la salle de communauté où toutes les dames étaient assemblées pour avoir l'honneur de le recevoir. Il s'y arrêta, leur parla avec bonté et leur demanda si elles n'iraient pas à *Esther*. Madame dit que oui, s'il l'ordonnait. Il voulut bien témoigner que cela lui ferait plaisir.

Madame le conduisit alors au théâtre où l'on avait mis un tapis de pied, et préparé un fauteuil à la place qui lui était destinée. Il regarda avec satisfaction les demoiselles qui étaient sur leurs bancs, très proprement mises dans leurs habits de Saint-Cyr, et qui, avec le ruban de chaque couleur des classes, faisaient une diversité fort agréable à voir. Madame se mit à côté du roi, un tant soit peu en arrière, pour être à portée de lui répondre. Les autres personnes se placèrent sur les sièges qui leur étaient assignés.

Il y avait MM. de la Rochefoucauld, de Noailles de Brionne, de la Salle de Tilladet, de Beauvilliers, qui est un peu notre parent, de Louvois, de Chevreuse ; des évêques M^{grs} Bossuet, évêque de Meaux ; de Noailles, évêque de Chalon-sur-Saône ; MM. de Montchevreuil, d'Aubigné, de Dangeau. Tu penses si un pareil auditoire était fait pour nous embarrasser! Mais la pensée du roi dominait tout, et l'idée que nous allions représenter devant lui nous donnait une émotion que nous étions en grande crainte de ne pouvoir surmonter.

Avant de commencer, Glapion se mit à genoux dans la coulisse et récita le *Veni, Creator*, pour obtenir la grâce de ne pas manquer en scène. Nous en fîmes chacune autant, et je ne crois pas pour mon compte, avoir jamais fait plus fervente prière. Lorsque tout fut calme, la représentation commença.

Mme de Caylus, belle et modeste à ravir, récita le Prologue de la *Piété*, que M. Racine, devant son généreux refus de jouer un des personnages, a composé exprès pour elle. Dans ce Prologue, la création de Saint-Cyr est louée en termes nobles et délicats :

> « Ici, loin du tumulte, aux devoirs les plus saints,
> Tout un peuple naissant est formé par mes mains ;
> Je nourris dans son cœur la semence féconde
> Des vertus dont il doit sanctifier le monde.
> Un roi qui me protège, un roi victorieux,
> A commis à mes soins ce dépôt précieux.
> C'est lui qui rassembla ces colombes timides,
> Éparses en cent lieux, sans secours et sans guides ;
> Pour elles, à sa porte, élevant ce palais,
> Il leur y fit trouver l'abondance et la paix. »

Il est ensuite fait allusion au rôle glorieux du roi défenseur du principe catholique.

> « De la gloire animé, lui seul de tant de rois,
> S'arme pour ta querelle et combat pour tes droits. »

Mgr le Dauphin, qui vient de s'illustrer par la prise de Philipsbourg, n'est pas oublié non plus :

« Tu lui donnes un fils prompt à le seconder,
Qui sait combattre, plaire, obéir, commander,
Un fils qui, comme lui, suivi de la victoire,
Semble à gagner son cœur borner toute sa gloire,
Un fils à tous ses vœux avec amour soumis,
L'éternel désespoir de tous ses ennemis. »

Enfin, le Prologue se termine par ce vers, qui fit éclater toute la salle en applaudissements :

« Tout respire ici Dieu, la paix, la vérité. »

Notre tour de représenter étant arrivé, nous parûmes sur la scène, toutes tremblantes, comme tu le peux imaginer. Cependant, peu à peu, le courage nous revenant, nous remplîmes nos rôles de façon à mériter, avec les applaudissements de notre illustre auditoire, l'approbation de M. Racine et celle, bien autrement difficile à obtenir, de M. Despréaux.

Les chœurs ont produit le plus grand effet Jamais Beaulieu, Champigny et la Haye, n'avaient été plus en voix.

Madame voulut nous bien dire, après la représentation, que Sa Majesté avait été enchantée d'un spectacle si nouveau, de cette poésie si parfaite, de ces allusions délicates à lui-même, à la grande guerre qu'il vient d'entreprendre, à la fondation de Saint-Cyr. Elle ajouta que le roi lui avait témoigné son contentement de la grâce, de la modestie et de la piété avec lesquelles « ces charmantes filles de Sion » (ce sont les propres paroles de Sa Majesté) avaient représenté leur personnage.

Sa Majesté daigna ensuite féliciter M. Racine qui « étouffant de joie et d'orgueil », après nous avoir guidées derrière la scène, s'en était allé à la chapelle remercier Dieu de ce beau succès.

Le roi quitta Saint-Cyr vers six heures. On avait éclairé tous les lieux par où il devait passer pour s'en retourner depuis le théâtre jusqu'à la porte de clôture. Il y avait de distance en distance, assez près les unes des autres, des plaques de fer blanc, attachées à la muraille, qui tenaient chacune une ou deux bougies. L'escalier des demoiselles, celui de l'infirmerie et tout le grand corridor étaient illuminés, et l'on y voyait aussi clair qu'en plein jour, ce qui faisait un très bel effet. Il n'en était pas de même dans les autres endroits de la maison, Madame nous apprenant à ménager où il n'y a pas raison de dépenser.

Voilà donc, ma très chère, le récit circonstancié et fidèle de ce qui s'est passé en cette mémorable journée. Te parlerais-je de mes sentiments particuliers? Je me sentais en beauté. Sa Majesté m'a regardée avec complaisance. Ma voix avait des douceurs dont je m'enchantais moi-même. Ah! si cela pouvait être mon premier pas dans la vie brillante du monde, hors de cette retraite chère, mais monotone de Saint-Cyr!

Il me semblait que j'étais à ma vraie place, que je vivais enfin la vie à laquelle j'ai droit, de par ma naissance, et aussi de par les agréments que l'on veut bien reconnaître à ma petite personne... Tiens, je m'arrête, tu me trouverais par trop folle. Il est certain que je suis dans une sorte d'ivresse de joie et d'orgueil.

28 janvier.

S'endormir dans la joie de son succès de petite persane, rêver de splendeurs et de magnificences toutes royales et s'éveiller simple petite *bleue* comme devant, quel désenchantement !

Dire (et il n'y a pas si longtemps) que je l'ai mis pour la première fois avec tant de bonheur mon costume de *bleue !* A mon réveil désillusionné, je l'ai regardé avec un suprême dédain, ce costume. Tu ne le connais pas, je crois ? Il consiste en un manteau et une jupe d'étamine brune du Mans. Le bonnet, de toile blanche, médiocrement fine, a une passe de mousseline et de linon. Nous mettons un ruban tout autour. Il nous est permis de montrer des cheveux et de nous coiffer à peu près selon l'usage du temps : cependant, quand nos fontanges sont trop hautes, Madame nous le reproche, et nous raille sur le temps que nous avons dû passer à nos frisures. Nous avons un bord de dentelle ou de mousseline autour du cou. Notre petit tablier, de la même étamine que la robe, est bordé autour d'un ruban de la couleur de la classe. La ceinture est aussi de la même couleur.

Pauvre petit costume, semblable en tout aux costumes des autres *bleues*, eux-mêmes semblables, à la différence près de la couleur, aux costumes des *rouges*, des *vertes* et des *jaunes*, se peut-il que j'aie été si ravie de te revêtir pour la première fois?

Que sert-il d'avoir seize ans et une «délicate beauté blonde » pour ensevelir tout cela sous la robe brune et la coiffe blanche d'uniforme! Les dames disent que nos costumes ne laissent pas d'avoir un air de noblesse et de faire un assez bon effet au chœur quand nous y sommes toutes rassemblées. Voilà une belle consolation ; faire bon effet au chœur! être agréables à voir en tas ! Il me semble qu'elle vaut bien d'être regardée (j'allais dire admirée) pour elle toute seule, ta petite Margot.

FÉVRIER 1689

Jeudi 3 février.

Il paraît que, revenu à Versailles, le roi ne fit plus que parler d'*Esther* et en montra un tel enchantement, que Madame la Dauphine, Mgr le duc d'Orléans, les princes de la maison royale et les plus grands seigneurs lui ont demandé de voir cette « merveille », qui fait déjà grand bruit dans les meilleures compagnies de Paris. Sa Majesté ayant consenti à leur faire ce plaisir, les a menés aujourd'hui à Saint-Cyr pour une nouvelle représentation d'*Esther*.

Parmi cette brillante assemblée il y avait aussi plusieurs personnes d'église, entre autres huit jésuites et l'illustre Mme de Miramion, que Mme de Sévigné appelle « une mère de l'Eglise » et qui est si célèbre par sa piété, sa charité, et le grand nombre de fondations utiles qu'elle a faites. Avant la représentation, Madame nous dit :

— Mes enfants, j'espère que vous vous surpasserez, car aujourd'hui nous jouons pour les saints.

Il y a eu quelques changements dans les rôles. Mlle de Saint-Osmane a dit le Prologue et Mme de Caylus a fait *Esther*. La pauvre de Veilhenne n'était pas, comme tu le peux comprendre, très satisfaite de renoncer à ce rôle, mais elle n'a rien fait paraître, et l'a cédé de fort bonne grâce à Mme de Caylus qui l'a assurée que ce ne serait que pour cette fois.

L'abbé de Choisy, qui est fort des amis de ma sœur, lui a dit que « toutes les Champmeslé du monde n'avaient pas les tons ravissants que Mme de Caylus laissait échapper en déclamant ». Il est bien vrai que Mme de Caylus a joué divinement, mais quelle fâcheuse idée de changer ainsi les personnages. Pour moi, je ne me consolerais pas d'être obligée de renoncer à mon rôle d'*Elise*.

Notre illustre auditoire a applaudi avec transports ces vers :

« Cependant, mon amour pour notre nation
A rempli ce palais de filles de Sion,
Jeunes et tendres fleurs par le sort agitées,
Sous un ciel étranger comme moi transplantées ;
Dans un lieu séparé de profanes témoins,
Je mets à les former mon étude et mes soins,
Et c'est là que fuyant l'orgueil du diadème,
Lasse de vains honneurs, et me cherchant moi-même,
Aux pieds de l'Eternel je viens m'humilier
Et goûter le plaisir de me faire oublier. »

N'est-ce point la plus délicate allusion à notre Saint-Cyr ; et ces traits de la modestie d'Esther ne s'appliquent-ils pas à Madame, qui aime à venir parmi nous oublier l'éclat et les grandeurs de la cour ?

Plus loin, comment ne pas reconnaître la « *nouvelle Esther* » dans ces vers :

« Je ne trouve qu'en vous je ne sais quelle grâce
Qui me charme toujours et jamais ne me lasse.
De l'aimable vertu, doux et puissants attraits !
Du chagrin le plus noir elle écarte les ombres,
Et fait des jours sereins de mes jours les plus sombres. »

Enfin, dans ceux-ci :

« Oui, vos moindres discours ont des grâces secrètes ;
Une noble pudeur à tout ce que vous faites
Donne un prix que n'ont point ni la pourpre ni l'or. »

Que te dirai-je de la beauté des chœurs tirés

de l'Écriture Sainte. M. Despréaux soutenait l'autre jour à ma sœur que la sublimité des *psaumes* était l'écueil de tous les traducteurs ; que leur majestueuse tranquillité ne pouvait être rendue que bien difficilement par la plume des plus grands maîtres, qu'elle avait souvent désespéré M. Racine, mais qu'il était pourtant venu à bout de traduire admirablement cet endroit du psalmiste : « J'ai vu l'impie extrêmement élevé et qui égalait en hauteur les cèdres du Liban, et j'ai passé, et il n'était plus, » dans ces vers, très applaudis, du chœur :

« J'ai vu l'impie adoré sur la terre ;
Pareil au cèdre, il cachait dans les cieux
Son front audacieux.
Il semblait à son gré gouverner le tonnerre,
Foulait aux pieds ses ennemis vaincus :
Je n'ai fait que passer, il n'était déjà plus. »

Mais j'abandonne les hauteurs de cette sublime poésie pour en revenir aux petits incidents de la représentation.

Il y a eu une histoire amusante entre Renard et Marsilly qui fait le personnage de *Zarès*. Quoique le rôle ne soit pas très important, comme Marsilly est pleine d'agréments, on la remarque beaucoup. Cette insurpportable Renard, simple fille du chœur, ne se résigne pas à être confondue avec les autres *Israélites*. Elle se met toujours en avant et tout près de *Zarès*, comme pour figurer avec elle. Or, M. de Villette, le père de Mme de

Caylus a paru trouver si fort Zarès à son gré, qu'il ne l'a pas quittée des yeux pendant tout le temps qu'elle était en scène, ne paraissant plus s'occuper de rien, pas même de sa fille, la vraiment « *divine Esther* », lorsque Zarès n'était plus là.

Après la représentation, ne voilà-t-il pas que cette impertinente Renard nous vient dire du ton le plus avantageux :

— Pour être confondue avec celles du chœur, on n'en est pas moins remarquée. Avez-vous vu comme M. de Villette m'a regardée pendant toute la représentation ? Même que j'en étais toute gênée, ajouta-t-elle en minaudant.

— Ah bien, Renard, reprit Montalembert, voilà bien de la gêne perdue ! Soyez une autre fois plus à l'aise. Je suis sûre qu'il ne se doute même pas de votre existence, ce pauvre M. de Villette. Pour toute autre que pour vous, il était assez visible qu'il n'avait d'yeux que pour *Zarès*.

— Ma chère, fit Marsilly, ne contestez pas à Renard les regards de M. de Villette, car pour moi je ne m'en soucie point.

— Vous êtes bien difficile, dit Renard, rouge de dépit, M. de Villette est veuf et peut offrir un établissement avantageux.

— Eh bien donc, ce sera tant mieux pour vous ! conclut Marsilly, au milieu de nos éclats de rire.

Heureusement Mme de Caylus ne se doute pas des aspirations de Renard à devenir sa belle-mère.

Samedi, 5 février.

Saint-Cyr, je te l'affirme, devient un véritable lieu de délices. Nous y menons une vie aussi brillante qu'à la cour, et y vivons dans la familiarité de ce qu'il y a de plus illustre dans toute la France et même dans l'Europe entière.

La représentation d'aujourd'hui comptera parmi les plus brillantes, par l'honneur que le roi et la reine d'Angleterre nous ont fait d'y assister.

Sa Majesté les reçut dans la salle du Chapitre, leur fit visiter la maison et leur expliqua les intentions de la fondation. La reine témoigna à tout le plus vif intérêt ; mais, dit-on, cette visite n'éveilla pas beaucoup l'attention du roi anglais, qui paraît insensible à tout.

Le roi, accompagné de ses illustres visiteurs, et d'une nombreuse cour, vint ensuite à la représentation. Il y avait trois fauteuils : la reine d'Angleterre était assise au milieu, le roi d'Angleterre à sa droite, et notre grand roi à sa gauche.

Nous regardâmes, autant que le respect nous le permit, cette illustre et malheureuse reine d'Angleterre. Elle est maigre. Ses yeux qui ont tant pleuré sont beaux et noirs. Elle a un teint fort beau quoiqu'un peu pâle. Sa bouche est grande avec de belles dents. Elle est imposante et a une belle taille, et, dit-on, bien de l'esprit. Elle plaît fort, et le roi cause agréablement avec elle. Il paraît que lorsqu'elle fut visiter Mme la Dauphine, celles de nos dames qui voulaient faire les princesses n'avaient point baisé la robe de la reine : quelques duchesses en voulaient faire autant, mais le roi l'ayant trouvé fort mauvais, on lui baise les pieds présentement.

Le roi d'Angleterre a l'air triste et fatigué. Il a, dit-on, bien du courage, mais un esprit commun et conte tout ce qui s'est passé en Angleterre avec une insensibilité qui en donnerait pour lui, si l'on n'était touché des malheurs de la reine sa femme et de son fils le beau petit prince de Galles.

Mais j'en viens à la représentation. Mme de Caylus a joué encore le rôle d'*Esther*. Elle a une si heureuse mémoire, qu'elle sait déjà les rôles de tous les personnages et les pourrait jouer au besoin. Cette pauvre Lastic, qui faisait si bien *Assuérus*, souffrait ce matin d'un très grand mal de tête qui l'a obligée de renoncer à jouer. Chabot de Fontenelles a tenu le rôle qu'elle avait appris en double. Elle en étouffait d'orgueil.

Crois-tu que cette Renard a eu l'effronterie de me dire :

— Vous savez, Margot...

— Je ne suis Margot que pour mes amies, pour vous, je suis de la Maisonfort.

— Eh bien ! de la Maisonfort, j'ai appris votre rôle en double afin de vous rendre le service de le jouer au cas où vous seriez malade comme cette pauvre Lastic.

— Croyez, Renard, que je vous ai l'obligation que mérite une telle proposition de service. Mais, grâce à Dieu, je ne me suis jamais si bien portée. J'espère donc ne pas vous donner si tôt la peine de me remplacer.

Et, de fait, il faudrait que je fusse mourante pour le lui céder, mon rôle, à cette sotte Renard.

Outre l'honneur de voir trois têtes couronnées dans notre maison, ce qui ajoutait pour nous beaucoup à l'attrait de cette représentation, c'est que, afin d'en rehausser l'éclat, Sa Majesté avait prêté quelques-unes de ses musiciennes de l'Opéra, choisies parmi les plus sages et les plus habiles, pour les mêler à nous, afin de fortifier le chœur des *Israélites*. Elles étaient habillées comme les demoiselles du chœur, à la persane, ce qui aurait dû les confondre avec nous. Mais ceux qui ne les connaissaient pas comme étant de la musique du Roi les distinguaient fort bien pour n'être pas des demoiselles, « en qui, dit l'abbé de Choisy à ma sœur, on remarque une certaine modestie et une noble simplicité bien plus aimables que les airs affectés que se donnent les filles, de cette sorte, quoique pourtant celles que l'on vous a envoyées en montrent beaucoup moins que les autres ».

Nous n'en brûlions pas moins du désir de voir ces demoiselles de l'Opéra. Nous avions fait le projet de les amener à nous parler de leur vie, qui doit être si différente de la nôtre : plus amusante et plus variée, je pense.

Cette proposition a fait pousser les hauts cris à Renard.

— Vous ferez ce qu'il vous plaira, a-t-elle fièrement déclaré ; mais pour moi, je ne me commettrai pas avec ces personnes d'une naissance ignoble et d'une condition diffamée. Les souffrir près de moi me sera déjà assez pénible.

— Mais, lui dis-je (j'avais sur le cœur sa proposition de me remplacer) rien ne vous est si aisé que d'éviter cette mortification. Le chœur, grâce précisément à ces demoiselles de l'Opéra, est assez nombreux pour que, si regrettable soit-elle, votre absence passe inaperçue.

— Qu'en savez-vous ? riposta-t-elle aigrement.

— C'est vrai, Margot, fit Montalembert, tu oublies M. de Villette !

Pendant le premier entr'acte, d'Abancourt essaya d'engager conversation avec la Zéphir, la plus belle de ces demoiselles de l'Opéra ; mais Mme de Fontaines intervint pour rompre l'entretien. Nous n'avons donc échangé avec ces demoiselles que d'insignifiants propos de politesse. Comme on avait dû le leur recommander, elles se tenaient sur la réserve, mais elles répondaient à nos avances le plus honnêtement du monde.

Je suppose qu'elles s'imaginaient que nous devions jouer comme de niaises petites pensionnaires, aussi leur étonnement émerveillé de voir comme nous nous acquittions de nos rôles, nous a été la plus agréable des louanges. Il est vrai que la présence de ces demoiselles nous piquait d'émulation. De plus, nous étions transportées à la pensée de jouer devant un si royal auditoire.

Mme de Caylus surtout a été adorable dans *Esther*. Elle a dit d'une manière si noblement touchante l'admirable prière :

> « O mon souverain roi,
> Me voici donc tremblante et seule devant toi. »

que monsieur le Prince en avait les larmes aux yeux.

Je crois aussi n'avoir point trop mal fait mon petit personnage, car la Zéphir a dit à sa voisine :

— Hein ! ce qu'elle en aurait un succès dans les ingénues, cette petite-là !

« Cette petite-là ! » me semble un peu bien familier ! Mais il ne me déplaît pas d'apprendre, d'une bouche aussi autorisée en la matière que celle de Mlle Zéphir, que je puis prétendre à des succès d'ingénues. Seulement c'est sur un autre théâtre que celui de l'Opéra que je les voudrais avoir ces succès : à la cour, ô mes rêves !...

Mardi 8 février.

Madame craint que l'air de grandeur que nous respirons depuis quelque temps à Saint-Cyr ne nous soit pas très salutaire. Aussi a-t-elle été charmée aujourd'hui d'employer à de plus humbles occupations la cour brillante du roi *Assuérus* et de la reine *Esther*.

Au moment de la récréation, on nous est venu dire qu'une pauvre femme, qui s'était traînée à Saint-Cyr pour demander l'aumône, venait d'accoucher et n'avait rien pour elle ni pour son enfant.

Madame nous demanda si nous ne voudrions pas employer notre récréation à faire une layette pour ce pauvre petit. Tu penses si nous acceptâmes avec empressement.

Aussitôt, nous voilà taillant, cousant qui un béguin, qui une brassière, qui un petit bonnet. On nous a dispensées de la leçon d'écriture et la layette a été finie en trois heures.

Madame la prit avec une joie extrême en disant :

— Vous venez de faire votre récréation, je vais faire la mienne.

De Mornay, rayonnante d'avoir obtenu la permission de l'accompagner, nous a raconté que Madame avait aussitôt été trouver cette pauvre femme, qu'elle-même avait emmailloté le petit, en avait pris de grands soins et avait généreusement assisté la mère.

Mardi 15 février.

A la prière de M. Racine, le roi a donné aux dames de Saint-Cyr son privilège pour faire imprimer *Esther* avec défense aux comédiens de mettre cette pièce sur le théâtre.

Madame a refusé la dédicace qui lui revenait pourtant de droit, comme étant bien la « *véritable Esther* ».

Cette tragédie de couvent est devenue la grande affaire de la cour et de la ville. L'empressement pour assister aux représentations est plus vif que jamais et les plus grands personnages sollicitent longtemps à l'avance la faveur d'accompagner le roi à Saint-Cyr.

Comme cette pièce est pieuse, les gens d'une profession grave ne craignent pas de demander à y venir. M. Racine avait parlé à Madame de l'ancien ministre M. de Pomponne. Elle fit un cri, le roi aussi. Puis, ayant réfléchi, Sa Majesté lui ordonna de venir. Il a été content au dernier point et a dit à Madame :

— M. Racine s'est surpassé dans cette pièce. Il est pour les choses saintes comme il était pour les profanes. *La Sainte Écriture* y est suivie exactement. Tout y est beau, tout y est grand, tout y est traité avec dignité.

Avec Sa Majesté étaient venus Monseigneur, Monsieur, Madame, Mademoiselle et les princesses.

Malgré le grand nombre de personnes qui assistent à nos représentations, tout s'y passe avec le plus grand ordre. Madame fait faire une liste de tous ceux qui doivent entrer. On la donne à la portière Mme de Gauthier, la sœur de notre première maîtresse Mme de Fontaines, afin qu'elle ne laisse passer que les personnes qui sont inscrites sur la liste.

Quand le roi arrive, il se met à la porte, en dedans, et, tenant sa canne haute pour servir de barrière, il demeure ainsi jusqu'à ce que toutes les personnes conviées soient entrées; il fait alors fermer la porte.

Il en use de même toutes les fois qu'il nous fait l'honneur de venir ici, et il a la plus grande attention à nous garantir du désordre que cause la multitude. Il veut que les gens de sa maison se tiennent dans les vestibules ou autres lieux publics, près de l'endroit où il se tient lui-même, sans oser dire un mot à personne.

Après la représentation cependant, M. de Villette s'approcha du groupe que nous formions autour de Mme de Caylus pour la féliciter. Il lui dit quelques mots aimables; puis, au moment de se retirer, se tournant vers Marsilly, il la salua profondément, mais sans lui adresser la parole.

Comme, naturellement, il n'a pas eu un regard pour Renard, l'infortunée a, du coup, perdu tous ses illusoires espoirs d'établissement avantageux.

— Toutes réflexions faites, a-t-elle déclaré, M. de Villette me paraît un homme beaucoup trop vieux pour une personne de notre âge et à la place de Marsilly, j'aurais tôt fait de me débarrasser de ses galanteries.

— Comme je n'ai rien fait pour provoquer ce que vous appelez les galanteries de M. de Villette, dit tranquillement Marsilly, je n'ai pas à me mettre en peine de les faire cesser.

Lastic, qui est en convalescence, est venue voir la pièce. Elle a paru dans un négligé affreux. Elle avait une vieille robe de chambre d'indienne, et pour coiffure une cornette de nuit tout unie, telle qu'on les a à l'infirmerie, ce qui, avec son visage de convalescente, la faisait paraître une tout autre personne que celle qu'on avait vue si brillante auparavant.

En cet état, elle n'avait pas craint de se placer assez en évidence pour qu'on la pût remarquer. Aussi n'a-t-on pas manqué de le faire, et Madame nous a dit qu'on avait beaucoup admiré sa modestie. Pour mon compte, j'avoue que paraître aussi privée de mes avantages me serait une cruelle mortification et, assurément, je ne m'y exposerais pas volontairement.

Mme de Caylus a si divinement joué *Esther* que Madame lui a dit vivement après la représentation qu'elle ne la jouerait plus désormais.

— Je ne me consolerais jamais de me voir retirer un si beau rôle, fit Renard.

— Rassurez-vous, Renard, répliqua Montalembert, si jamais vous jouez *Esther*, on ne sera pas tenté de vous retirer votre rôle parce que vous le jouerez trop bien.

Une assez plaisante aventure est arrivée après

la représentation. Le roi s'en retournant et passant devant la salle de communauté qui était sur son chemin y entra tout seul, et n'y trouva que Mmes de Buthery et de Rocquemont qui s'empressèrent pour aller chercher d'autres lumières, car il n'y avait dans cette salle qu'une chandelle allumée.

Le roi ne le voulut pas et se mit à se chauffer et à leur faire l'honneur de leur parler aussi familièrement que s'il avait été un simple particulier, leur demandant si elles avaient été à la pièce. Sur ce qu'elles dirent que non, il s'informa pourquoi, leur demanda ce qu'elles avaient fait pendant ce temps-là, quels emplois elles avaient et choses semblables. Il loua fort les actrices et daigna dire un mot aimable pour « *la petite chanoinesse* ». C'est moi qu'il appelle ainsi à cause de ma sœur.

Madame entra sur ces entrefaites. Elle fut fort étonnée de voir le roi ainsi dans l'obscurité et rit avec lui de l'aventure. Le roi dit qu'il était venu chercher du feu et non pas de la lumière, et se récria ensuite sur la beauté de la pièce; puis, en s'en allant, il eut la bonté de dire adieu aux dames qu'il avait entretenues. Oh! que Madame a bien raison de dire que nous avons le plus grand et le meilleur des rois !

Nous ne sommes pas sans inquiétude sur la suite de ces représentations. Madame a dit à ma sœur :

— Ces enfants jouent comme si elles n'avaient fait que cela toute leur vie. J'ai résolu de ne les plus faire jouer pour le public. Le roi veut venir encore une fois, et après cela nos actrices seront malades et ne joueront plus qu'en particulier pour nous ou pour le roi s'il l'ordonnait.

Ah! ma bonne, que nous sommes peu disposées à nous laisser rendre malades! Renoncer à la joie de ces représentations, en plein carnaval encore, ne serait-ce pas une vraie barbarie de nous imposer un si amer sacrifice!

Samedi 19 février.

Ma très chère, je suis une bien malheureuse petite Margot. Je la pouvais bien tant souhaiter cette représentation qui me réservait la si cruelle humiliation de manquer mon rôle, car j'ai manqué, oui, j'ai eu ce malheur, moi qui avais si bien fait jusqu'ici et avais eu l'honneur de mériter les éloges de Sa Majesté. Et devant quel auditoire j'ai manqué! Le roi, Monseigneur, et parmi la foule la plus brillante, la marquise de Sévigné, qui sollicitait depuis longtemps auprès de Madame la faveur d'assister à une de nos représentations.

Dire que c'est par la faute de cette méchante Renard que ce malheur m'est arrivé! Ah! elle ne le portera pas en paradis, je t'assure!

Voilà comment les choses se sont passées. C'est

à la première scène entre *Esther* et moi. *Esther* me disait :

« Depuis plus de six mois que je te fais chercher,
Quel climat, quel désert a donc pu te cacher ? »

Je me préparais à lui répondre :

« Au bruit de votre mort justement éplorée,
Du reste des humains je vivais séparée... »

lorsque Renard me tire doucement par ma tunique et me dit :

— Ma chère (je ne puis souffrir qu'elle m'appelle « ma chère », mais en ce moment impossible de protester), ma chère, arrangez donc votre voile, il est tout de travers.

Un peu troublée, je porte vivement la main à ma tête, je retire une épingle, les plis du voile se détachent, dans mon empressement à réparer le désastre, j'oublie ma réplique. *Esther* me regarde d'un air étonné. De la Bussière qui remplissait le rôle de souffleur me crie :

— A vous... mais à vous donc, de la Maisonfort !

Je rougis, je perds la tête, je balbutie. Je ne sais seulement pas comment, dans mon épouvantable confusion, j'ai pu parvenir à retrouver ce que j'avais à dire. A peine ma réplique lâchée, je me sauve brusquement.

M. Racine, qui était comme toujours derrière le théâtre, fort attentif au succès de sa pièce, m'attendait tout ému de ce malheureux accident. Il me dit d'un air fâché :

— Ah ! Mademoiselle, qu'avez-vous fait, voilà une pièce perdue !

Là-dessus je crois qu'en effet le mal est irréparable et d'humiliation, mais aussi du chagrin d'avoir fait de la peine à M. Racine, j'éclate en sanglots. Lui, contristé à son tour de m'avoir désolée, et craignant aussi, comme je devais retourner sur la scène qu'il ne parût que j'avais pleuré, veut me consoler, et, tirant son mouchoir de sa poche, il l'applique lui-même à mes yeux comme on fait aux enfants pour les apaiser ; me disant des paroles douces pour m'encourager, et que cela ne m'empêchât pas de bien achever ce que j'avais encore à faire : moi, tout attendrie, je n'en pleurais que de plus belle.

Sur ces entrefaites, arrive Mme de Fontaine qui nous regarde, tu peux penser de quel air étonné, pour ne pas dire scandalisé. M. Racine tournait entre ses mains, d'un air confus, son mouchoir tout trempé de mes larmes. Je profitai de ce que c'était mon tour de reparaître en scène, pour le laisser s'expliquer avec Mme de Fontaine.

Le roi a très bien vu que j'avais les yeux rouges. Il a dit avec bonté à Madame :

— La *petite chanoinesse* a pleuré !

Après la représentation, on lui dit ce que c'était, et la simplicité d M. Racine qui, n'ayant en tête que sa pièce, avait fait cette action, sans penser le moins du monde à ce qu'elle pouvait avoir d'étrange. Sa Majesté rit de bon cœur et aussi Madame, et M. Racine lui-même.

Pour moi, je n'ai nulle envie de rire, je t'assure; je suis trop humiliée d'avoir manqué, et surtout trop en colère contre Renard qui m'a fait manquer exprès, j'en suis certaine, car de Mornay m'a dit que mon voile n'était pas du tout de travers.

Mais, au demeurant, c'est elle encore la plus punie. Par son méchant tour elle espérait me couvrir de confusion. Quand elle a vu, pendant l'entr'acte, toutes mes compagnes m'entourer pour me demander ce que m'avait dit M. Racine, assurant qu'elles pleureraient bien volontiers pour qu'il essuyât aussi leurs larmes, elle a dit :

— Je ne sais pas comment cela se fait, mais il y a des personnes qui savent s'y prendre pour que l'on soit toujours occupé d'elles.

Son dépit a été au comble, lorsque Madame nous est venue dire que Sa Majesté avait demandé avec bonté :

— Est-ce que la *petite chanoinesse* est tout à fait consolée ?

Renard a eu alors l'audace de me dire :

— Dans tous les cas, de la Maisonfort, si Sa Majesté a daigné s'occuper de vous, c'est à moi que vous le devez.

— Je ne puis, Renard, que vous répéter ce

que vous m'avez déjà obligée de vous dire. Croyez que je vous ai de votre bon office toute l'obligation que méritent vos charitables intentions à mon égard.

En vérité, je ne sais plus si je suis contente ou fâchée de cet incident. Sans doute, c'est ennuyeux d'avoir manqué, mais M. Racine a été si bon pour moi! et je ne suis pas non plus peu fière d'avoir été l'objet de la sollicitude de Sa Majesté. Enfin, puisque Renard en a du dépit, c'est donc que la journée a été bonne pour moi.

Dimanche 20 février.

Quelle triste et surprenante nouvelle! Qui m'eût dit, hier, que cette représentation d'*Esther*, pour moi si troublée, serait la dernière de cette année! Malgré les confidences de Madame à ma sœur, nous ne pouvions croire que les représentations d'*Esther* seraient ainsi interrompues en plein succès. Mais le deuil qui vient de frapper la famille royale met bien tristement fin à toutes les réjouissances de ce carnaval.

Hier à son retour à Versailles, Sa Majesté apprit la mort de la reine d'Espagne. Cette princesse, fille de Monseigneur le duc d'Orléans avait épousé, en 1679, Charles II d'Espagne.

On nous a fait savoir sa mort aujourd'hui. Elle est morte d'un vomissement qui lui dura douze heures, et jamais auparavant elle n'avait eu une santé plus parfaite, ce qui fait qu'on parle tout bas de poison.

C'est ma sœur qui nous a annoncé en classe cette triste nouvelle. Elle nous a longuement parlé de cette reine, nous faisant admirer de quelle manière l'envie d'obéir et de satisfaire à son devoir la fit se résoudre à s'éloigner d'une cour aussi agréable que celle de France, où l'on vit sans contrainte et avec une honnête liberté, pour s'accoutumer aux manières espagnoles beaucoup moins divertissantes.

Elle est morte avec l'estime et la tendresse du roi son époux. Sa mort peut être proposée en exemple aux femmes chrétiennes. Elle est morte maîtresse d'elle-même, se possédant malgré les vives douleurs qu'elle sentait, pardonnant à ses ennemis et ne voulant pas même croire qu'elle en eût.

Toute la France, toute l'Espagne, ou plutôt toute l'Europe la pleure. La cour a pris le grand deuil. Monseigneur qui l'aimait fort tendrement, et avec qui elle vivait d'une manière qui charmait tout le monde, est inconsolable de sa perte, ainsi que Madame qui ne saurait arrêter ses larmes.

Dès que ce prince eut appris sa mort, il donna ses ordres pour lui faire faire un service dans la chapelle de Saint-Cloud. Un service sera aussi célébré demain à Saint-Cyr ; toute la communauté y doit assister. C'est préluder bien tristement aux austérités du carême !

Lundi 28 février.

Le roi d'Angleterre est parti ce matin pour l'Irlande où il est attendu avec impatience. Il doit trouver à Brest des vaisseaux et des frégates. Le roi lui a donné cinq cent mille écus et des armes pour dix mille hommes. Comme il n'avait pas pensé aux armes de Jacques II, il lui a donné les siennes. On n'a pas manqué de dire que ces armes toujours victorieuses seraient d'un heureux augure pour le prince malheureux.

La générosité de notre grand roi à son égard ne peut être poussée plus loin.

La Reine est allée s'enfermer à Poissy avec le prince de Galles, afin d'être plus près du roi et des nouvelles. Cette princesse, malade et accablée de douleur, fait grand'pitié.

Elle a su gagner toutes les sympathies, ce que n'a point su faire le roi son mari. On raconte que les courtisans ne voyaient en lui qu'un homme qui ne savait pas représenter, qui portait mal son épée, qui enfonçait trop son grand chapeau, qui, au lieu de s'occuper de ses malheurs, dès son arrivée en France, allait remercier une carmélite, la mère Agnès, de l'avoir, la première, ramené à une religion à laquelle il les devait tous.

Le roi d'Angleterre a vainement imploré le secours du pape, de l'empereur et du roi d'Espagne. Le pape lui répondit qu'il compatissait à son infortune, mais qu'il avait besoin de ses troupes contre la France ; l'Empereur que, s'il avait suivi ses conseils, il ne serait pas réduit à de si humbles prières ; le roi d'Espagne refusa même d'entendre son ministre.

Notre grand roi fut le seul qui eut pitié de ce roi malheureux.

Après l'avoir reçu avec magnificence il dit :

— Je veux qu'on le respecte plus que s'il régnait.

Enfin, il vient de mettre le comble à ses bontés en lui fournissant les moyens de rétablir son pouvoir. Aussi est-ce justement qu'un seigneur anglais a écrit à Londres à un de ses amis : *dixit dominus domino meo : sede a dextris meis, donec ponam inimicos tuos, scabellum pedum tuorum.*

MARS 1689

3 mars.

Dernier écho de nos si regrettées représentations d'*Esther*. Je t'ai dit que la marquise de Sévigné avait assisté à la dernière représentation. Naturellement, elle n'a pas manqué de rendre compte, en grands détails, de cette journée à sa chère fille Mme de Grignan. M. l'abbé Testu, qui était aussi ce jour-là à Saint-Cyr, a pris copie de cette lettre pour ma sœur. Il est fort de ses amis et savait avec quel intérêt on lirait à Saint-Cyr l'opinion de la spirituelle marquise sur cette dernière représentation d'*Esther*.

Voici cette lettre que ma sœur m'a laissé lire et que, à ton intention, j'ai demandé permission de copier :

« A Paris, ce lundi 21 février 1689.

« Je fis ma cour l'autre jour à Saint-Cyr, plus agréablement que je n'eusse jamais pensé. Nous y allâmes samedi, Mme de Coulanges, Mme de Bagnols, l'abbé Testu et moi. Nous trouvâmes nos places gardées. Un officier dit à Mme de Coulanges que Mme de Maintenon lui faisait garder un siège auprès d'elle ; vous voyez quel honneur. « Pour vous, Madame, me dit-il, vous « pouvez choisir. » Je me mis avec Mme de Bagnols au second banc derrière les duchesses. Le maréchal de Bellefonds vint se mettre, par choix, à mon côté droit et devant c'étaient Mmes d'Auvergne, de Coislin, de Sully.

« Nous écoutâmes, le maréchal et moi, cette tragédie avec une attention qui fut remarquée, et de certaines louanges sourdes et bien placées qui n'étaient peut-être pas sous les fontanges de toutes les dames.

Je ne puis vous dire l'excès de l'agrément de cette pièce ; c'est une chose qui n'est pas aisée à représenter, et qui ne sera jamais imitée ; c'est un rapport de la musique, des vers, des chants, des personnes, si parfait et si complet qu'on n'y souhaite rien ; les filles qui font des rois et les personnages sont faites exprès ; on est attentif et on n'a pas d'autre peine que celle de voir finir une si aimable pièce ; tout y est simple, tout y est innocent, tout y est sublime et touchant : cette fidélité de l'histoire sainte donne du respect ; tous les chants convenables aux paroles, qui sont tirés des *Psaumes* ou de la *Sagesse*, et mis dans le sujet, sont d'une beauté qu'on ne soutient pas sans larmes ; la mesure d'approbation qu'on donne à cette pièce, c'est celle du goût et de l'attention.

« J'en fus charmée, et le maréchal aussi, qui sortit de sa place pour aller dire au roi combien il était content et qu'il était auprès d'une dame qui était bien digne d'avoir vu *Esther*.

« Le roi vint vers nos places, et après avoir tourné, il s'adressa à moi et me dit : « Madame, « je suis assurée que vous avez été contente. » Moi, sans m'étonner, je répondis : « Sire, je suis « charmée ; ce que je sens est au-dessus des pa- « roles. » Le roi me dit : « Racine a bien de l'es- « prit. » Je lui dis : « Sire, il en a beaucoup : « mais en vérité ces jeunes personnes en ont beau- « coup aussi : elles entrent dans leur sujet comme « si elles n'avaient jamais fait autre chose. » Il me dit : « Ah ! pour cela, il est vrai. » Et puis Sa Majesté s'en alla, et me laissa l'objet de l'envie :

comme il n'y avait quasi que moi de nouvelle venue, il eut quelque plaisir de voir mes sincères admirations, sans bruit et sans éclat. M. le Prince, Mme la Princesse me vinrent dire un mot : Mme de Maintenon un éclair : elle s'en allait avec le roi, je répondis à tout, car j'étais en fortune. »

N'est-il pas bien flatteur de se voir louer par une personne d'un goût si sûr, si délicat, et dont on peut dire en toute vérité ce que le roi lui disait de M. Racine : Elle a bien de l'esprit !

7 mars.

Les dames de Saint-Louis désiraient depuis longtemps faire un petit présent à Madame. Non qu'elles aient pensé lui témoigner par là leur reconnaissance, puisque sa personne et ses bienfaits sont au-dessus de toutes les marques extérieures que les dames pourraient lui en faire paraître, mais afin de lui offrir au moins un léger témoignage des sentiments de leur cœur à son égard.

Dans cette pensée, les dames ont cru qu'il ne déplairait pas à Madame que, la regardant comme leur supérieure, elles lui en offrissent la marque, qui est la croix d'or avec le crucifix en relief et les fleurs de lys de même.

Elles ont donc fait faire une très belle croix sur laquelle elles ont fait graver cette devise composée par M. Racine, et dont le sens peut s'appliquer également à la croix et à Madame :

> « Elle est notre guide fidèle ;
> Notre félicité vient d'elle. »

Dans cette croix, creuse à l'intérieur, on a mis des reliques dont la principale est un morceau de la vraie croix.

La communauté tout entière dames et demoiselles fut assemblée ; puis Mme de Loubert, qui commence à prendre un peu d'assurance dans son nouveau rôle de supérieure, présenta, au nom de toute la communauté, la croix à Madame, qui la reçut avec bonté. Ensuite de quoi nous avons eu récréation.

12 mars.

Un vent de pénitence souffle sur Saint-Cyr. Il paraît que ces représentations d'*Esther,* toutes saintes et innocentes qu'elles puissent paraître à des esprits non prévenus, étaient, du moins d'après l'avis de M. l'abbé Desmarets, « un piège tendu aux demoiselles, à qui les applaudissements du roi et de la cour devaient inspirer la vanité, l'amour du monde et toutes ses suites ; plus cela est beau est singulier, ajoute-t-il, plus cela est dangereux ». Et il engage Madame à faire désormais cesser ces spectacles, lui donnant un grand scrupule des maux qui en pourraient résulter.

Si tu veux savoir quel est cet abbé Desmarets, si cruel ennemi de nos plaisirs, je te dirai que c'est un homme de condition et de distinction dont Madame fait le plus grand cas. Il demeure au séminaire de Saint-Sulpice ; il est très savant, très pieux et très zélé, et s'occupe du matin au soir de toutes les fonctions ecclésiastiques. Il prêche, il confesse, il catéchise, il dirige, Il va visiter les malades et les prisonniers, il donne tout son bien aux pauvres, pendant qu'il se refuse tout à lui-même, ce qui est si vrai que M. Manceau, l'intendant de Madame, étant allé un jour chez lui, fut fort étonné de ne voir dans sa chambre, pour tous meubles, qu'un méchant lit, une chaise de paille, un pupitre sur lequel il y avait la Sainte Bible, et une carte de Jérusalem attachée à la muraille. Le plus bel ornement de cette chambre est un clavecin dont M. l'abbé Desmarets joue quelquefois pour se délasser l'esprit.

Sur la renommée de sa vertu, Madame a envoyé chercher cet incomparable abbé pour nous prêcher le carême. Il n'est, paraît-il, venu qu'avec répugnance et s'est tout d'abord montré très alarmé de ce qu'il appelle notre éducation mondaine, et surtout des représentations d'Esther.

Nous sortons terrorisées de ses redoutables sermons. Pénitence ! pénitence ! tel est le mot qu'il fait sans cesse retentir à nos oreilles. A l'entendre, on devrait bientôt pouvoir nous demander comme *Esther* à *Mardochée* :

> « Mais d'où vient cet air sombre et ce cilice affreux
> Et cette cendre enfin qui couvre vos cheveux ? »

Mais je crains bien que toute son éloquence ne parviendra pas à me faire dire comme *Esther*.

> « Tu sais combien je hais leurs fêtes criminelles
> Et que je mets au rang des profanations
> *Le vif éclat de ces représentations*
> *Que cet habit persan où je suis condamnée,*
> *Ce voile* dont il faut que je paraisse ornée
> Dans ces jours solennels à l'orgueil dédiés
> Seule et dans le secret je le foule à mes pieds :
> Qu'à ces vains ornements je préfère la cendre,
> Et n'ai de goût qu'aux pleurs que tu me vois répandre. »

Oh ! oui, elle en est loin encore la petite Margot de ce goût pour la cendre, les pleurs, et tout le sombre appareil de la pénitence.

AVRIL 1689

12 avril.

Voilà un mois que je n'ai rien ajouté à ces souvenirs. Un mois de silence, c'est beaucoup pour ta bavarde Margot ! Je n'ai pas écrit parce que, pour continuer le fidèle récit de ma vie, j'aurais dû transformer ces souvenirs en un ininterrompu sermon. D'avoir été soumise pendant un si long temps à cette austère prédication à haute dose, c'est beaucoup ; te la resservir à toi, ce serait trop. Tout cela n'a point cependant été sans résultat : les fontanges se sont abaissées de moitié ; moi-même, j'ai été jusqu'au sacrifice d'un chou de belle moire bleue mis en supplément à mon corsage. Quant à de Mornay, croyant sans doute faire ainsi sa cour à Madame, elle avait adopté un air de componction lamentable, et c'était à la chapelle des prosternements et des génuflexions sans fin ; tout cela pour s'entendre dire ce matin, au sortir de la messe, par Madame :

— De Mornay, vous vous tenez fort mal à l'église. Croyez-vous qu'il soit nécessaire d'avoir la tête de travers et le corps courbé ? C'est le cœur qui doit être prosterné devant Dieu.

Du coup de Mornay a versé des larmes dont la source pouvait bien être le dépit plutôt que la componction.

Ensuite de quoi Madame nous fit lire dans le recueil des lettres spirituelles de saint François de Sales la lettre qui est adressée : *A une dame pour l'exhorter à être généreusement humble et saintement joyeuse*, lettre où il est dit : « Conservez un esprit d'une saincte joye, qui modestement répandue sur vos actions et paroles donne de la consolation aux gens de bien qui vous verront, afin qu'ils en glorifient Dieu... » Madame interrompit cette lecture et nous fit remarquer la bonté et la solidité de l'esprit de saint François de Sales qui est son saint de prédilection ; elle nous parla de sa droiture, de sa douceur, de la manière raisonnable et insinuante avec laquelle il conduit les âmes à Dieu, et même à la plus haute perfection, quasi sans qu'elles s'en aperçoivent.

— Que le vieux langage de ses ouvrages, ajouta-t-elle, ne vous rebute pas, je trouve qu'il n'en ôte point la beauté ; mais, quand cela serait, il n'en ôterait jamais la vérité et l'utilité. Le connaissez-vous, mes enfants, ce saint, et goûtez-vous ses maximes ?

— Oui, Madame, répondit avec empressement de Mornay, je l'aime et le goûte beaucoup.

— Me pourriez-vous citer quelques-unes de ses maximes ?

De Mornay demeura court, fort humiliée de s'être ainsi témérairement avancée.

Interrogée alors, Glapion répondit :

— Madame, il dit dans un chapitre de son *Introduction à la vie dévote*, qui traite de la manière de conserver la pauvreté au milieu des richesses, que les jardiniers des princes sont plus curieux et plus diligents à cultiver et à embellir les jardins dont ils sont chargés que s'ils leur appartenaient en propre, parce qu'ils les considèrent comme étant aux rois et aux princes auxquels ils désirent de se rendre agréable par leurs services et que de même, nous ne devons pas regarder les biens que nous avons comme étant à nous, mais à Dieu qui nous en a donné le maniement pour les employer à sa gloire et à notre salut, et à l'utilité du prochain, et qu'avec ces bonnes vues-là nous lui sommes agréables d'en prendre soin.

— C'est très bien, répondit Madame, mais, dites-moi, ma chère Glapion, si vous étiez mariée et que vous eussiez quinze ou vingt mille livres de rente, et que vous fussiez bien à votre aise, ce que vous feriez de votre bien ?

— Je nourrirais et habillerais bien mes enfants, répondit Glapion, je payerais mes dettes, j'assisterais mes proches qui seraient dans le besoin, j'aurais soin des pauvres honteux et de tous ceux que je verrais dans la misère, j'irais porter mes charités dans les hôpitaux.

— Tout cela est excellent ; mais entre toutes ces sortes de charités, vous devriez d'abord préférer vos pauvres parents, et les pauvres de vos terres. Mais si votre revenu venait à manquer par quelque malheur imprévu, ne pourriez-vous pas emprunter pour pouvoir soutenir vos charités dans le dessein de rendre dans six mois ou un an? Cela serait-il injuste?

— Non, Madame, dit Chabot, cela serait au contraire une très bonne chose.

— Si vous croyez véritablement, ma fille, dit Madame, que cela fût bien fait, vous vous trompez. Il ne faut pas emprunter pour faire des charités ; et si vous mettiez votre bien en charité, de quoi vivraient vos enfants ? Qui payerait vos domestiques ? Il y a peu de personnes à qui il soit permis de mettre tout son bien en aumônes, comme à moi par exemple, qui n'ai point d'enfants et qui ai la terre de Maintenon en propre, ne l'ayant pas reçue en héritage de mes parents, ce qui fait que je puis en disposer sans faire tort à personne. Il faut penser à conserver son bien pour ses héritiers, et même l'augmenter s'il n'est pas suffisant, surtout vous autres qui en avez peu. Il faut tâcher d'augmenter votre fonds par vos économies.

Je connais une demoiselle qui ne dépense que quatorze sols par semaine. Elle achète de la viande pour huit jours, en fait ce qu'il lui faut de potage pour le même temps ; elle le réchauffe à chaque repas ; elle aime mieux se retrancher sur cela, et avoir quelque chose pour les besoins qui peuvent survenir.

D'un autre côté, j'ai ouï dire que la maison du père d'une demoiselle de Saint-Cyr a été vendue, à cause de ses dettes, à un valet de son aïeul. Les châteaux des seigneurs se vendent, et ils se voient obligés de prendre une chaumière de leur village, aimant mieux demeurer avec des gens de connaissance que parmi des étrangers. Le paysan est ravi en pareilles occasions, parce qu'il hait la noblesse.

Ah! ma très aimable, que toutes ces idées de pauvreté et d'économie ne sont guère plus réjouissantes que les idées de pénitence de l'abbé Desmarets! La voilà, oh! que la voilà bien la vraie pénitence, être pauvre! Et quelle rude pénitence pour les pas bien gros péchés de mes seize ans!

Dimanche, jour de Pâques, 18 avril.

On a chanté l'alleluia, enfin! Nous voici hors de ce lugubre carême. Le Christ est ressuscité; alleluia! Réjouissez-vous, mes sœurs! Je veux bien, moi, je ne demande même pas mieux! Les mortifications et la pénitence ne sont décidément pas le fort de la petite Margot.

Madame nous a bien voulu donner des détails sur la semaine sainte à Versailles.

La prédication fut faite par M. l'abbé Roquette. En parlant des treize pauvres que Sa Majesté sert à table après leur avoir lavé les pieds, il fit voir que les actions d'humilité que fait ce grand Roi lui sont aussi naturelles que toutes les grandes choses que nous voyons tous les jours de lui.

Il n'oublia pas de parler de Mr le Dauphin. Il dit que Dieu, pour récompenser le Roi de son zèle pour l'Église, lui avait donné un fils qui marchait sur ses glorieuses traces, ce qui était la récompense des justes.

Mgr le duc de Bourgogne, qui a sept ans, servit

le Roi à la Cène pour la première fois. Il avait une extrême impatience de voir arriver le jeudi saint pour avoir cet honneur, et il en fit connaître sa joie lorsqu'il dit en se levant :

— J'aurai le plaisir de voir aujourd'hui treize fois le Roi.

Il disait cela à cause que les princes portent les plats de chaque service et que l'on sert treize pauvres.

Madame assure qu'on ne saurait trop admirer l'esprit de Mgr le duc de Bourgogne qui dit tous les jours cent choses au-dessus de son âge.

Mgr le Dauphin porta aussi les plats dans cette cérémonie et fut secondé dans la même fonction par Monsieur, M. le duc de Chartres, M. le prince de Conti, M. le duc du Maine, M. le comte de Toulouse, M. le duc de Vendôme et plusieurs seigneurs.

Le samedi saint, le Roi fit ses dévotions et toucha huit cents malades qui remplissaient deux galeries de Versailles. Ils reçurent en même temps chacun une pièce de quinze sols, suivant l'usage ordinaire. Sa Majesté s'acquitta de ce pénible exercice avec cet air qui marque la satisfaction qu'Elle éprouve toutes les fois qu'Elle fait du bien.

20 avril.

Notre Saint-Cyr est la principale occupation de Madame. Pendant qu'elle est à Versailles, elle y vient au moins de deux jours l'un passer la journée entière et presque toutes les matinées. Elle arrive vers six heures du matin, s'en retourne vers six heures du soir, et s'emploie à tous les détails de la maison, de notre éducation et de la conduite de la communauté.

Elle va de classe en classe et d'office en office, pour voir agir les maîtresses et les officières, pour donner ses avis, pour remarquer s'il n'y a rien de meilleur à faire que ce que l'on fait. On la voit souvent à l'infirmerie des dames et à la nôtre consoler et servir les malades, peigner les demoiselles convalescentes et exercer d'autres œuvres semblables.

Comme nos maîtresses sont fort jeunes, c'est Madame qui a entrepris de les former en toutes choses, aidée en cela par ma sœur, et elle déclare qu'elle préfère ces fonctions à tous les amusements de Versailles.

Pour le temporel, elle est aidée par sa femme de chambre, Mlle Balbien, mais elle n'en va pas moins partout, mettant la main à tout, donnant des leçons sur tout. Elle dit l'autre jour aux dames :

— Vous n'êtes encore que des enfants qui de longtemps ne pourrez gouverner. Je m'offre avec tous mes gens pour vous servir et n'ai nulle peine à être votre intendante, votre femme d'affaires et de tout mon cœur votre servante, pourvu que mes soins vous mettent en état de vous en passer.

Rien de Saint-Cyr ne lui semble petit, importun ou désagréable. « Ces pauvres enfants, dit-elle, j'aime jusqu'à leur poussière. » Elle voit tout, entre dans les plus petits détails. Ce matin, j'étais à l'infirmerie pour voir cette pauvre Lastic, qui est de nouveau malade. Madame entre, goûte le bouillon qu'apportait Mme de Buthery qui est infirmière, et lui dit : « Le bouillon que depuis quelque temps vous servez aux malades est léger, il est trop faible; veillez à ce qu'on prenne soin de le faire moins abondant et plus restaurant. »

L'autre jour, elle dit en classe à Mme de Fontaines : « Ne voyez-vous pas que la taille de la Mure commence à se gâter? (Ce n'est pas étonnant, sa paresse la fait toujours se tenir pliée en deux.) Il faut renouveler son *corps* et il convient d'abréger pour elle ou de remplacer par autre chose les heures du travail de couture qui grossit les épaules. »

Elle veut qu'on nous habitue à une tenue distinguée et à la grâce, que n'exclut pas la modestie. Elle ne dédaigne pas notre beauté naissante, car, dit-elle, « la beauté est aussi un don de Dieu ». Elle nous permet une sorte de recherche dans notre toilette, nous laissant ajouter quelque parure à nos habits, des cordelières à la ceinture, des perles et des rubans dans les cheveux. Elle aime à nous voir ainsi belles, parées, et même un peu coquettes, elle nous donne elle-même ces petits ornements à profusion.

J'use assez volontiers de ces suppléments de

parure ; c'est ainsi que j'avais trois choux de moire bleue à mon corsage avant le sacrifice héroïque que j'ai fait d'un de ces choux aux appels à la pénitence de M. l'abbé Desmarets. Mais Chabot en abuse vraiment des choux, elle est toute garnie de rubans, à la tête et au reste de son habillement, et si grand doit être l'endurcissement de son âme, qu'elle a traversé tout ce lugubre carême sans faire le sacrifice du plus petit bout de ses rubans.

Pour en revenir à Madame, elle s'applique à former notre esprit par tous les exercices propres à nous inspirer cette politesse que le monde exige et qui n'est point incompatible avec la piété. Elle nous veut conduire à la vertu par de beaux sentiments. « Les demoiselles, dit-elle, doivent être élevées chrétiennement, raisonnablement et *noblement.* » C'est son terme, mais elle en développe le sens de manière à exclure tout ce qui nous pourrait inspirer de l'orgueil. Par *noblement*, elle entend la noblesse des sentiments, la générosité, le désintéressement, la probité, la compassion pour les petits et les pauvres, la douceur, l'affabilité.

Enfin, comme dernier stimulant à notre éducation, elle nous donne les sentiments d'honneur et de reconnaissance qu'elle cherche à éveiller en nous en nous disant : « Des personnes élevées aux frais de la patrie doivent constamment la servir par la pratique de toutes les vertus ; une demoiselle élevée à Saint-Cyr devient comptable à l'Etat d'un pareil honneur, et pour répondre à cet engagement, elle ne doit jamais en perdre le souvenir. »

Mais quel besoin ai-je de te raconter tout cela. Tu le connais comme moi le dévouement et le zèle de notre admirable fondatrice, toi qui l'as vue dans sa première école de Rueil occupée « à tuer des poux, à graisser de la gale, à faire laver les pieds ».

Je déteste les airs d'adoratrice que prend de Mornay devant Madame parce que je ne les crois pas sincères. Je pense que pour être plus réservée dans leur expression, mon affection et ma reconnaissance pour elle n'en sont pas moins vives. Je ne sais ce qu'elle penserait de ces pages si elle venait à les lire, peut-être ne lui déplairaient-elles pas, car elle disait un jour à ma sœur : « Je hais la flatterie, mais toutes les fois qu'on voudra me donner des louanges sur ma capacité pour l'éducation des enfants, je les avalerai à longs traits, car je suis véritablement persuadée que j'en sais beaucoup là-dessus. »

23 avril.

Tout ce qui regarde cette Reine d'Angleterre si touchante dans son malheur est d'un vif intérêt pour Saint-Cyr. Dernier écho du carême, on nous a raconté les dévotions de cette princesse.

Elle les voulut faire dans la cathédrale de Paris, et y vint dès le matin. M⁰ʳ l'archevêque, revêtu de ses habits pontificaux, la reçut à la tête de son clergé. Sa Majesté se mit d'abord à genoux sur un carreau que lui présenta un des chanoines, et Elle adora la vraie Croix.

Lorsqu'elle se fut relevée, le prélat la complimenta. Une grande foule était accourue pour voir et admirer cette Reine dont le courage et la piété ont paru avec tant d'éclat dans une occasion qui pouvait abattre les plus fermes, et assurer la patience de ceux qui en ont le plus.

La Reine répondit à l'archevêque avec majesté, et après lui avoir témoigné qu'elle espérait beaucoup de ses prières et de celles de son clergé, si distingué, dit-elle, par sa doctrine, par la pureté de ses mœurs et par sa piété, elle le pria de ne se pas lasser d'en faire pour la prospérité du Roi son seigneur, et le fidèle allié du monarque qui leur avait donné un asile si favorable. Elle s'excusa ensuite d'avoir fait attendre l'archevêque, la foule qui s'était rencontrée à son passage et qui avait une extrême impatience de la voir, l'ayant fait arriver à Notre-Dame une heure plus tard qu'elle n'avait espéré.

La Reine communia à la première messe et en entendit deux autres. Elle fit ensuite à Mgr l'archevêque l'honneur de lui rendre visite, et comme la conversation fut plus libre, elle y fit paraître tant d'esprit et tant de grandeur que c'est avec raison que l'on dit d'elle qu'on la reconnaîtrait partout pour une Reine véritable.

Quand elle se sépara de l'archevêque, avant

de monter en carrosse, elle se mit à genoux et lui demanda sa bénédiction. Une action si humble et si chrétienne surprit tous ceux qui étaient présents, et Mgr l'archevêque lui-même, qui vit rappeler par là la mémoire de ces temps heureux pour l'Église où les plus grandes reines et les plus puissantes impératrices servaient de leurs mains les évêques, regardant en eux la mission que Dieu leur a donnée.

Ce prélat, ravi d'une humilité si honorable, s'écria :

— Je prie ce grand Dieu en qui Votre Majesté a mis toute sa confiance de répandre sur Elle abondamment la rosée du ciel et la graisse de la terre, au nom du Père, du Fils et du Saint-Esprit.

Si Monseigneur fut surpris, la Reine admira sa présence d'esprit et ses manières nobles, et s'en alla bien confirmée dans la haute opinion qu'elle avait conçue de ce prélat.

Tout cela n'est-il point admirable! Enfin, ma bonne, j'ai cette Reine dans le cœur pour sa beauté et pour ses malheurs. Je voudrais fort qu'elle nous fît l'honneur de revenir à Saint-Cyr.

MAI 1689

6 mai.

La petite de Loras est nouvelle aux *rouges*. Suzon lui faisait les honneurs de la récréation.

Au beau milieu d'une partie très animée de colin-maillard, Loras, qui avait les yeux bandés, n'étant pas prévenue à temps heurte rudement du nez contre un arbre. Le nez saigne à flots; Loras verse d'intarissables larmes.

— Fi! Loras, dit Bertrande, la sœur de ma petite Suzon, oses-tu bien pleurer pour un bobo de rien du tout.

— Vous êtes toutes des méchantes, s'écria Loras en colère, je ne pleure pas parce que j'ai mal, je pleure parce que personne ne m'embrasse. Ma maman, elle, m'embrassait toujours quand j'avais du chagrin, elle pleurerait comme moi si elle voyait saigner mon nez.

Madame qui passe souvent ses récréations avec nous et qui, attirée par les cris de Loras, était allée vers le groupe des *rouges*, lui dit:

— Ma petite, toutes les mamans ne sont pas aussi sensibles que la vôtre et leurs petites filles ne s'en trouvent pas plus mal. Moi qui vous parle, je ne me souviens d'avoir été embrassée par ma mère que deux fois, et c'était sur le front; après de longues séparations. Ma mère voulait que nous fussions élevées fort durement et ne nous permettait pas de nous plaindre quand il nous arrivait un accident, comme de tomber ou de nous brûler le doigt à la chandelle !

Tout à son idée, Loras répétait:

— Ça m'est égal d'avoir mal, mais je veux qu'on m'embrasse.

Là-dessus Suzon se proposa gentiment pour l'embrasser; le sang et les larmes cessèrent de couler, et les *rouges* reprirent leur jeu.

Nous entourâmes alors Madame et la priâmes de se vouloir bien souvenir de la promesse qu'elle nous avait faite de nous raconter son enfance. Elle y voulu bien consentir. Voici ce qu'elle nous raconta.

— Je naquis dans les prisons de la Conciergerie de Niort où mon père était enfermé et où Madame d'Aubigné, ma mère, d'autant plus attachée à son mari qu'il était plus malheureux, avait obtenu de s'enfermer avec lui.

Mme de Villette, sœur de mon père, étant venue le visiter, fut attendrie par la vue de tant de misère et du dénûment de la nouveau-née. Elle m'emporta au château de Murçay et me remit à la nourrice qui avait allaité sa propre fille.

La tendresse de ma mère ne lui permit pas de me laisser longtemps entre des mains étrangères, elle me redemanda. Je fus donc élevée au fort de Château-Trompette. Je jouais souvent avec la fille du concierge. Cette petite avait un ménage d'argent et me reprochait de n'être pas aussi riche qu'elle : « C'est vrai, répondis-je, mais je suis demoiselle et vous ne l'êtes pas. »

Ma mère ayant enfin obtenu l'élargissement de mon père, nous partîmes tous pour l'Amérique. Pendant le voyage j'eus une grande maladie et fus réduite à une telle extrémité que je ne donnais plus aucun signe de vie. Un matelot allait me jeter à la mer, le canon était prêt à tirer lorsque, par un mouvement de tendresse maternelle, ma mère me voulut embrasser encore avant qu'on me jetât, et portant la main à mon cœur, sentit que je vivais encore, ce qui fut vrai. A peine étais-je guérie que notre bâtiment fut attaqué par un corsaire anglais. Tandis que l'équipage et les passagers étaient dans les plus vives alarmes, je disais à mon frère : « Tant mieux, soyons pris, nous ne serons plus grondés par notre mère. »

Délivrés de ce péril, nous nous établîmes au quartier du Pêcheur à la Martinique. Ma mère donna tous ses soins à notre éducation. Heureusement pour nous, elle était assez pauvre pour nous élever elle-même. Son exemple était pour nous la meilleure leçon de vertu. Elle supportait les revers avec courage et cherchait à nous inspirer la même force d'âme.

Le feu ayant pris un jour à notre maison, ma mère me voyant pleurer me dit : « Quoi, ma fille pleure une maison ! » Hélas ! je pleurais ma poupée que je venais de coucher sur un petit lit en lui faisant un pavillon de ma coiffe, et je voyais le feu gagner cet endroit-là.

Ma mère ne négligeait rien de ce qui pouvait former notre esprit. Elle nous occupait quelquefois à écrire : « Allons, nous disait-elle, écrivez à

Mᵐᵉ de Villette sur tel sujet. » Je faisais fort aisément mes lettres, mais mon frère était très paresseux. Il me disait : « Ma sœur, faites mes lettres, je vous irai chercher des oranges pendant ce temps-là. » Comme j'aimais les oranges et que je n'osais sortir ainsi que mon frère dans la crainte des serpents, j'étais ravie. Je faisais vite ses lettres et il me rapportait des oranges, car il y en a tant dans ce pays qu'on les ramasse dans les allées pour s'y pouvoir promener.

Les deux maximes favorites de notre excellente mère étaient : la première, de ne jamais faire en particulier ce qu'on n'oserait faire devant des gens de respect ; la seconde, de regarder toujours pour mesurer son bonheur, au-dessous et non au-dessus de soi, et je vous engage, mes enfants, à toujours pratiquer ces maximes de sagesse et de dignité.

Les Vies de Plutarque étaient notre livre de lecture et nous ne devions dans nos conversations, mon frère et moi, nous entretenir que de cette lecture.

Tout enfant que j'étais, je raisonnais déjà sur ce qu'on me disait. Notre mère nous ayant parlé des peines de l'enfer, je dis à mon frère qui s'en effrayait : « Crois-m'en : tout cela ne sera pas éternel, le bon Dieu se ravisera. »

La mort de mon père, qui parvenait à nous faire vivre d'un petit emploi militaire qu'il avait obtenu, nous plongea dans la dernière désolation.

Ma mère revint en France. Ses dettes n'étant point acquittées, elle me laissa en gage au principal de ses créanciers ; mais sa femme ne voulut point nourrir cette « petite teigneuse », car j'avais pris la teigne. Je fus renvoyée en France par le premier bâtiment. Ma tante, Mme de Villette, eut la bonté de me recueillir. J'étais délicate et maladive ; ma mère lui écrivait : « Je crains bien que cette pauvre galeuse ne vous donne bien de la peine. Dieu lui fasse la grâce de s'en pouvoir revancher. »

Mme de Villette avait été l'enfant privilégiée de mon grand-père Agrippa d'Aubigné qui l'appelait « sa fillette, son unique ». Fortement pénétrée des croyances protestantes, elle me fit élever dans cette religion, quoique ma mère m'eût vouée à la religion catholique dès ma naissance.

Bignette, c'est le nom d'amitié qu'on me donnait à Murçay, s'attacha à sa tante de toute son âme. Tous les souvenirs qui me restent de cette époque de ma vie me sont doux et chers. Mme de Villette dirigeait mes premiers entretiens avec beaucoup de sens et me faisait faire mes premières aumônes au bout du pont-levis. Je ne puis vous dire assez mon affection et ma reconnaissance pour celle qui fut pour moi comme une seconde mère. L'anniversaire de sa mort m'est un jour de grande tristesse. Vous savez quelle affection j'ai pour la petite-fille de cette femme au cœur si généreux, Mme de Caylus, votre compagne...

Ici la malencontreuse cloche sonnant la fin de la récréation, interrompit Madame, et nous ne sûmes pas plus avant de cette intéressante histoire.

Dimanche 22 mai.

Grande joie ! Le Roi est venu à Saint-Cyr. Il n'était accompagné que de Madame et de Mmes de Montchevreuil et de Grammont. Après les complies il vint dans la cour Royale où nous étions en récréation. Pour lui marquer notre attachement et notre reconnaissance, dès que nous l'aperçûmes nous nous mîmes à chanter de nous-mêmes, par un mouvement subit, ce chant à sa louange, l'*Idylle de la Paix*, dont les paroles sont de Quinault et la musique de Lulli :

> Qu'il règne ce héros, qu'il triomphe toujours,
> Qu'avec lui soient toujours la Paix et la Victoire,
> Que le cours de ses ans dure autant que le cours
>   De la Seine et la Loire !
> Qu'il règne ce héros, qu'il triomphe toujours !
>   Qu'il vive autant que sa gloire !

C'est Beaulieu qui entonna ce chœur de sa belle voix ; nous le continuâmes toutes avec transport. Sa Majesté eut la bonté de paraître touchée et de nous témoigner sa reconnaissance d'un air gracieux. Me faisant l'honneur de me remarquer entre mes compagnes, le Roi dit en souriant à Madame : « La petite chanoinesse n'a plus de chagrin, comme à cette dernière représentation d'*Esther*. »

Juge de mon orgueil et de ma joie ! Un Roi qui tient en ses mains les destinées de l'Europe, faire à la petite Margot l'honneur de se souvenir d'elle après un si long temps ! Cette flatteuse attention dont j'ai été l'objet, a du coup irrémédiablement gâté la joie de cette belle journée pour la jalouse Renard et l'orgueilleuse Chabot, Glapion, elle, m'en a tendrement félicitée.

Elle accueillait d'abord mon affection d'un air un peu protecteur et c'est bien naturel après tout, elle si parfaite, moi au début si petite rien du tout parmi les anciennes *bleues*, mais, depuis j'ai fait bien du chemin dans la considération de mes compagnes. (Je ne jurerais pas que le flatteur intérêt que Sa Majesté a me bien voulu témoigner n'y soit pour quelque chose.) Tant y a que la petite Margot est en train de faire une façon de petit personnage parmi les *bleues*, ce dont naturellement enrage cette bonne Renard.

Tu n'as, je crois, jamais eu le bonheur de voir le Roi. Son visage, sa taille, son port, sa beauté, sa grande mine, la grâce naturelle et majestueuse de toute sa personne le font distinguer parmi tous les Seigneurs de sa cour. C'est bien vraiment à lui que peuvent s'appliquer ces vers de M. Racine :

Dans quelque état obscur que le ciel l'eût fait naître,
Le monde, en le voyant, eût reconnu son maître.

Lundi 23 mai.

Comme il n'était question en récréation que de l'honneur que Sa Majesté nous fit de nous venir voir, ma sœur voulut nous bien lire un Éloge du Roi par M. Hongnant. Cet Éloge, publié par le *Mercure galant* du mois dernier, offre ceci de particulier qu'il est tout entier écrit en mots monosylabes. Je pense qu'il ne te déplaira pas de trouver dans ces *Souvenirs* copie de ce curieux morceau :

« Grand Roi, tout est grand dans toi : le cœur, l'air, le port, le bras. La Paix et Mars sont dans tes mains, et n'y sont plus quand il te plaît. Tout est plein de ton nom ; tu fais ce que tu veux, et tu veux ce qui est droit et saint. Ton joug est très doux. Nul ne te sert qu'il n'ait le prix qui lui est dû.

« Ce que tu fais n'est pas moins grand que toi. Tu joins les bords du Rhin sans pont. Mais tous tes hauts faits sont moins grands que ce que tu as fait pour un Roi à qui des cœurs bas sans loi et sans foi font un grand tort. Tu romps le cours de leurs maux par tant et tant de dons que tu leur fais tous les jours. Ils ont eu chez toi leur cour, leur train et tout ce qui est dû à leur rang. Ce Roi qui t'est si cher part pour voir si les cœurs des Lords ne sont plus si durs, et par tes soins il pleut de l'or sur cent mâts qui vont au gré des vents.

« Fais-lui voir, grand Roi, ce qui fait ses vœux. Tu le peux toi seul ; fais ce grand coup et n'en fais plus ; car je n'ai plus de mots si courts et ils font tort à ton grand nom. Je me tais. »

Cette façon de louer n'est-elle pas du dernier galant ? Pour nous, nous en avons été ravies.

Jeudi 26.

Celles qui, dans le fond du cœur, espéraient et souhaitaient le retour de Mme de Brinon (et j'étais du nombre) doivent renoncer à cette espérance. C'est maintenant un fait accompli, Mme de Loubert vient d'être nommée supérieure à sa place.

Cette première élection s'est faite en grande pompe ainsi que l'installation de la nouvelle supérieure qui paraît confuse de tant d'honneurs. Nous nous sommes préparées à cette cérémonie par les prières des *Quarante heures*. Pendant la messe du Saint-Esprit, après le chant du *Veni, Creator*, M. l'abbé Gobelin déclara Mme de Loubert canoniquement supérieure, et lui en donna les marques ; la croix d'or avec les ornements en relief et le sceau de la maison. Nous avons ensuite chanté pour cette jeune supérieure un *Te Deum* aussi solennel que pour le gain d'une bataille.

On dit que le Roi écrit à Madame pour féliciter la communauté de l'élection de Mme de Loubert.

Nous avons ensuite été régalées et avons passé la

journée en récréation. On assure que Mme de Loubert a pris part à la fête seulement par bienséance, étant bien fâchée dans le fond du cœur d'en être l'objet. Ce sont des sentiments qu'il est aisé de comprendre chez la personne qui a le redoutable honneur de succéder à Mme de Brinon.

Pour être juste (et tu sais que c'est ma folie d'être juste), je dois cependant reconnaître que la douceur et l'aimable modestie de notre supérieure (tu vois que j'en viens, moi aussi, à dire « notre supérieure » sans restriction,) lui ont ouvert l'accès de bien des cœurs qui se promettaient de lui rester à jamais fermés.

Le Roi est venu ce soir prendre Madame à la petite porte du jardin, ainsi qu'il fait quelquefois pour la ramener à Versailles ou à Marly. Il est venu, dit-on, afin de donner à Mme de Loubert une marque de sa bonté. Il la fit demander, la gracieusa beaucoup et témoigna être fort content de la communauté qui avait fait un choix si conforme à son inclination.

Le soir, nous avons toutes été admises à voir les beaux tableaux dont Sa Majesté a fait don à la maison à l'occasion de l'élection de Mme de Loubert. C'est d'abord un très bel *Ecce homo*, peint par M. Mignard, ensuite son propre portrait et celui de Madame peints par M. Ferdinand.

Ce don a comblé de joie toute la communauté. Le Roi n'aime pas du tout à se faire peindre, tant parce qu'il n'est pas fort plein de lui-même qu'à cause qu'il n'est pas aisé de le bien tirer ; aussi, son portrait n'est-il pas parfaitement ressemblant, quoiqu'il soit un des mieux. Ce n'est que sur les vives instances de la communauté que Madame voulut bien souffrir que ce même M. Férdinand, qui est un peintre assez habile pour la ressemblance, fit son portrait. Elle est représentée dans son air naturel avec sa nièce, Mlle d'Aubigné, qui a quatre ans, et qui est bien une aussi jolie et aimable enfant que le peintre l'a représentée.

Madame la conduisit l'autre jour aux *rouges* où on la caressa fort. Ma petite Suzon lui dit avec une gravité comique. « Si vous voulez, ma chère, je serai votre petite maman. »

Ces trois tableaux vont orner la salle capitulaire : le portrait du Roi à gauche, celui de Madame à droite, l'*Ecce homo* au milieu, sur le devant de la cheminée.

Il y a eu aussi quelques changements parmi les dames : Mme de Saint-Pars, première maîtresse des *rouges*, devient sous-prieure ; Mme de Fontaine, notre maîtresse, devient maîtresse générale des classes. Nous la regrettons beaucoup ; elle est d'une beauté parfaite. Elle est très timide et pas toujours très intéressante, mais le plaisir de la voir me faisait oublier l'ennui de l'entendre. Madame lui ayant mis un jour, par forme de jeu, une coiffure de cour, la lui enleva bien vite de peur qu'elle ne se vît et ne se rendît compte de l'admiration qu'elle excitait.

Enfin, ma chère Glapion vient d'être promue aux honneurs du ruban noir. Tu sais que les vingt *noires* sont sous la direction de la maîtresse générale pour aider les dames dans les offices et aussi pour former ces demoiselles, leur faire voir autre chose que les classes et nous donner à toutes de l'émulation, car c'est la plus haute distinction offerte en récompense à nos efforts. Être *noire* ne me déplairait point : 1° pour être comme Glapion ; 2° pour faire enrager Renard ; 3° pour avoir plus de liberté. Mais ce qui me déplaît grandement, c'est la perspective des efforts que j'aurais à faire pour mériter cette distinction. Aussi, décidément, je renonce à me mettre sur les rangs, et borne mon ambition à demeurer tout uniment ta petite *bleue* d'amie.

JUIN

2 juin.

Pour se bien faire venir de Madame, de Mornay, sûre d'être entendue, nous dit à la récréation du soir :

— Quand je rentrerai dans ma famille, je prendrai si bien à partie la vieille bonne de ma mère que je l'obligerai à renoncer à sa détestable erreur, la mettant dans l'alternative ou de quitter notre maison, ou d'abjurer à son hérésie.

— Vous auriez grandement tort, de Mornay, dit Madame, d'user ainsi de contrainte à l'égard d'une personne que son dévouement à votre famille doit vous rendre très chère. De tels moyens ne sont bons qu'à faire s'obstiner dans l'erreur les âmes un peu généreuses. Je ne saurais mieux vous mettre en garde contre la violence et la dureté en ces matières qu'en vous contant comment se fit ma conversion.

Je vous ai dit l'autre jour que j'avais été instruite dans la religion réformée par ma tante qui m'avait si bien inspiré ses sentiments que, quand je revins chez ma mère, qui était très bonne catholique, je refusai d'abord d'aller à la messe.

Ma mère me contraignit à la suivre et me voulut forcer à me mettre à genoux devant l'autel ; mais moi, aussitôt, j'y tournai le dos ; autant de fois qu'elle m'y remettait, autant de fois je me retournais de suite, et sa violence ne faisait que m'opiniâtrer.

Comme j'étais persuadée que c'était idolâtrie que d'adorer Jésus-Christ dans l'hostie, je me serais laissé tuer plutôt que de demeurer dans cette posture, et la conduite de ma mère m'avait si fort irritée que, si je fusse demeurée plus longtemps avec elle, je n'aurais peut-être jamais embrassé la religion catholique.

Etant encore enfant, je montrais en obstination ce qui me manquait en lumière. Je dis un jour au curé qui disputait contre moi : « Vous en savez plus que moi, mais voilà un livre, et je montrai la *Bible*, qui en sait mille fois plus que vous. »

Voyant qu'elle ne pouvait rien sur moi, ma mère résolut de me mettre dans une maison d'Ursulines où j'avais une parente, et me proposa à ce dessein de l'aller voir et de l'embrasser à la porte de clôture. J'y allai de bon cœur, mais comme en chemin je me doutai qu'on m'y voulait laisser, dès que la porte fut ouverte, au lieu de m'amuser à saluer ma parente, je me lançai dans le couvent pour qu'on n'eût pas la peine de me dire d'y entrer.

La plupart des religieuses firent alors chacune leur scène en me rencontrant : l'une s'enfuyait à ma vue, l'autre me faisait une grimace ; la troisième me disait : « Ma petite, la première fois que vous irez à la messe, je vous donnerai un *agnus*. »

J'étais déjà assez grande et je les trouvais si ridicules qu'elles m'étaient insupportables. Ni leurs frayeurs, ni leurs promesses ne me faisaient impression et je ne me souciais point du tout de leurs images.

Je tombai heureusement entre les mains d'une religieuse pleine d'esprit et de raison qui me gagna par sa politesse et sa bonté. Elle ne me faisait aucun reproche, me laissait libre dans l'exercice de ma religion, ne me forçait point à aller faire mes dévotions dans l'oratoire commun où il y avait plusieurs images, non plus que d'aller à la messe, et me proposait elle-même de manger de la viande les vendredis et les samedis. Mais en même temps elle me faisait instruire à fond de la religion catholique, et elle le fit avec tant de soins, me gouverna avec tant de douceur, qu'au bout de quelque temps je fis mon abjuration avec une pleine liberté, mais en faisant cette dernière restriction : « J'admettrai tout, pourvu qu'on ne m'oblige pas à croire que ma tante de Villette sera damnée. »

On vint alors prévenir Madame que Sa Majesté l'attendait dans son carrosse pour la reconduire à Versailles. De Mornay nous fit grâce de l'air désolé qu'elle prend toutes les fois qu'elle voit s'éloigner Madame, ce prompt départ la délivrant d'une conclusion qui n'eût point été à son avantage.

Mme de Caylus qui avait passé cette récréation avec nous nous dit :

— Pour moi, je ne fis point tant de façons pour mon abjuration. J'avais sept ans. On me mit dans un carrosse et on me conduisit à la messe du roi, à Versailles ; comme il y avait beaucoup de musiques et de timbales, et que je trouvai le spectacle fort joli, je déclarai que je voulais bien être catholique pourvu que l'on me fît la promesse de me conduire tous les dimanches à cette belle messe du Roi.

Nous rîmes beaucoup de cette facile abjuration. Décidément, si elle n'était qu'une petite *bleue* comme moi, je tenterais d'en faire mon amie de cette ravissante Mme de Caylus. On ne peut voir un visage si spirituel, si touchant, si parlant, ni plus d'esprit, ni tant de grâce et de gaieté ; c'est la plus séduisante créature du monde. Et, avec tous ces agréments, on dit que son mari ne se soucie point d'elle : de son côté, elle paraît n'avoir point de peine à se passer de ce peu aimable mari. Sa double vie, à la cour et à Saint-Cyr, paraît très bien lui suffire. Elle est partout si fêtée, si admirée, si recherchée !

Ah ! que la petite Margot s'en accommoderait bien, elle aussi, d'une vie pareille, avec toutefois un mari plus empressé. Mais, sur ce point, je suis bien tranquille, ce n'est point l'empressement qui manquerait à mon cousin. (J'ai, depuis quelque temps, une déplorable tendance à oublier combien, hélas ! il est pauvre.)

12 juin.

Mme Guyon est depuis huit jours à Saint-Cyr. Tu as sans doute entendu parler de cette femme célèbre par sa doctrine et par ses malheurs.

Veuve à vingt-deux ans, maîtresse de grands biens, détachée de la terre, Mme Guyon résolut, sur les conseils du père La Combe, son directeur, de travailler au salut de son prochain.

Jamais femme ne fut plus propre à faire une secte. Elle a beaucoup de noblesse dans les traits, de la douceur dans les yeux, une bouche formée pour la persuasion, l'humeur la plus insinuante, l'éloquence la plus naïve. Tout en elle faisait dire que c'était bien la plus « aimable hérétique » qui eût jamais paru.

On dit que sa piété ne l'empêchait pas dans sa jeunesse de laisser entrevoir une très belle gorge, d'avoir un soin extrême de sa parure, de se piquer d'une politesse attentive et élégante, de se livrer, au bal, avec complaisance à la vanité de la danse.

Cependant, pleine de zèle pour la doctrine qu'elle avait embrassée, Mme Guyon fut la répandre dans le pays de Gex, le Dauphiné et le Piémont.

Elle se décida ensuite à venir à Paris ; à peine y fut-elle, l'archevêque obtint un ordre du roi pour l'enfermer dans le couvent des filles de la Visitation, où elle édifia les religieuses, en séduisit quelques-unes et les attendrit toutes.

Dans le monde elle avait des partisans et des protecteurs à la cour, cependant ma sœur osa seule parler en faveur de Mme Guyon qui est, tu le sais, notre cousine. Elle fit agir les duchesses de Charost, de Chevreuse, de Beauvilliers, de Mortemart dont la piété n'était pas suspecte. Elles obtinrent enfin que Madame demandât au Roi l'élargissement de la prisonnière, ce qui lui fut accordé.

Les amis de Mme Guyon l'invitèrent alors à venir à Versailles, M. de Charost lui prêta son appartement. Madame fut curieuse d'entretenir une personne si extraordinaire : ses charmes, ses malheurs, sa douceur, sa patience, et ce don de parler de Dieu d'une manière sublime, tout se réunit pour convaincre Madame qu'elle n'avait jamais mieux employé son crédit.

Après plusieurs entretiens avec cette femme remarquable, M. l'abbé de Fénelon devint l'un des plus zélés partisans de sa doctrine, ce qui est bien naturel, car il témoigna toujours une extrême passion d'aimer Dieu pour l'amour de Dieu, ce qui est le fond du *quiétisme*. Tu sais qu'il vient quelquefois prêcher à Saint-Cyr, et nous le goûtons, oh! combien plus que l'austère abbé Desmarets, car il a des manières pleines de grâce, et une si touchante éloquence que rien ne lui est plus aisé que de gagner nos cœurs.

Que si, comme conclusion à ce qui précède, tu me demandes au juste ce que c'est que le *quiétisme*, j'avoue que cela ne me paraît pas précisément une chose très claire. Si j'ai bien compris, ce qui n'est pas du tout sûr, les quelques entretiens auxquels on a bien voulu me faire l'honneur de m'admettre ainsi que quelques dames et quelques *bleues*, voici à peu près ce que c'est que le quiétisme : « C'est l'état de repos et de perfection idéale où se trouve une âme quand elle parvient à s'absorber dans l'amour de Dieu, amour parfait qui n'est ni dégradé par la crainte des châtiments, ni animé par l'espoir des récompenses, qui n'a pas besoin d'œuvres et vit uniquement de contemplation . »

Mme Guyon nous raconte « qu'elle étouffe de la

grâce intérieure qu'il faut la délacer lorsque dans l'oraison elle est suffoquée par une extrême abondance de grâces qu'elle communique à ceux qui sont auprès d'elle en silence ».

Je ne sais si tu comprends quelque chose à ce langage extraordinaire, pour moi je t'avoue humblement que je n'y entends rien. C'est peut-être que, se proportionnant à ma faiblesse, Mme Guyon ne m'a donné avec son *Moyen court* que le lait de ses maximes. Ceux qui sont capables d'une nourriture plus solide, elle les fait voguer sur les ondes impétueuses de ses *Torrents*. Tout cela n'est-il pas bien singulier ? Il faut que je sois une créature bien dépourvue de toute spiritualité, mais je trouve qu'en donnant dans cette doctrine, ma sœur se forge des chimères plus chimériques que celles qu'elle me reproche.

En écoutant ce soir Mme Guyon nous parler de ses extases et se plaindre des « regorgements d'une grâce qui, comme une écluse, se déchargeait avec profusion », j'avoue que j'étais fort tentée d'imiter Mme la duchesse de Guiches. Voilà l'histoire :

Quelquefois, à Versailles, Mme Guyon prêchait dans des réunions secrètes. Elle exigeait de ses auditeurs qu'ils lui rendissent compte de leurs pensées les plus cachées. Mme la duchesse de Guiches ayant éclaté de rire à l'endroit le plus pathétique, Mme Guyon exigea qu'elle exposât tout haut le sujet de sa distraction. Après s'être un peu défendue : Eh bien ! dit la duchesse de Guiches, je pensais que vous étiez folle et que nous ne l'étions guère moins. »

Oui, moi aussi je pensais qu'il faut être folle pour se monter la tête sur de pareilles billevesées, ainsi que le font ma sœur, Clapion et même, qui l'eût dit, cette indolente La Mure. Il est vrai que, comme le quiétisme assure qu'il faut dédaigner les œuvres, ne s'embarrasser de rien, se bien accommoder en tout pour prendre ses aises, il n'est pas étonnant que La Mure entre fort avant dans une doctrine qui ferait si bien l'affaire de sa naturelle paresse.

20 juin.

Décidément, Chabot ne peut prendre son parti des humbles emplois auxquels on juge bon de nous faire vaquer. Elle est de semaine au dortoir des *rouges* et se plaignait amèrement d'être obligée de faire les lits et de peigner les petites.

— Il me semble, nous disait-elle en récréation, que je ne suis plus une demoiselle quand je me vois occupée à ces humiliants travaux.

— La qualité de demoiselle ne se perd pas pour cela, intervint Madame. Quand j'étais jeune, on m'employait à garder les dindons, et cela ne me donnait pas de doute sur ma qualité de demoiselle.

Nous priâmes Madame de nous parler du temps

où elle gardait les dindons ; elle nous voulut bien faire cet intéressant récit :

— C'était avant mon abjuration ; une parente de ma mère, Mme de Neuillant, voulant faire sa cour à la reine-mère, Anne d'Autriche, me fit enlever à Mme de Villette et me recueillit chez elle. Elle ne s'était chargée de moi que par respect humain, et je vis à l'extrême sécheresse de ses manières que je n'obtiendrais jamais sa tendresse. Cette idée me donna avec elle une timidité qu'elle appela de l'ingratitude et de la hauteur.

Elle déclara publiquement que, pour me corriger de l'orgueil, elle était décidée à ne me point faire habiller comme elle en avait d'abord eu le projet, disait-elle.

En conséquence du plan d'éducation qu'elle formait pour moi, ma tante me fit faire des chemises de la toile la plus grossière, elle me chaussa de gros sabots ; je n'avais de souliers que quand il venait des visites, et j'eus une robe de grosse bure.

Ne pouvant se résoudre à me nourrir sans tirer de moi quelques services, ma tante me confia la clef du grenier pour donner le foin et l'avoine à ses chevaux et me commanda de les aller voir manger.

Afin de mieux donner à cette étrange avarice l'apparence d'un système, on m'annonça que tous les jours j'irais dans les champs garder les dindons avec la vieille Véronique.

Dès 6 heures du matin, je mettais ma robe de bure, et un grand chapeau de paille sur ma tête, ma gaule à la main, un petit panier contenant mon déjeuner à mon bras, je partais pour les champs poussant devant moi mon troupeau de dindons. On me mettait un loup sur le visage afin que l'ardeur du soleil ne me gâtât point le teint. Avant de toucher à mon déjeuner, je devais apprendre par cœur cinq quatrains de Pibrac.

Nous allions sur une grande pelouse à un quart de lieue du château. Véronique était sourde et presque aveugle. Elle s'asseyait sous un orme et je me promenais sur la pelouse en gardant mes dindons et en apprenant mes vingt vers. Quand Véronique était de bonne humeur, elle me prêtait sa quenouille et me permettait de filer.

Qu'eussiez-vous dit, Chabot, d'un pareil traitement? Pour moi, il ne m'humiliait point, et je me soumettais avec respect aux volontés de ma tante. Ce rôle de bergère m'eût même paru agréable si j'avais pu troquer mes dindons contre un beau troupeau de moutons.

Je ne rencontrai d'abord personne dans notre pré. Mais un matin j'y trouvai un jeune pâtre qui gardait des chèvres et qui fut très surpris en apercevant une bergère masquée. Nous entrâmes en conversation, et pour qu'il ne se méprît point sur ma condition, je me hâtai de lui apprendre que j'étais la nièce de Mme de Neuillant.

Le soir même il vint au château et me vit à

visage découvert dans la basse-cour où j'étais chargée de surveiller les servantes.

Depuis ce jour-là, le jeune pâtre se trouvait tous les matins dans le pré et ne manquait jamais de m'apporter de petits présents : tantôt des nids d'oiseaux et des fleurs, tantôt des fruits et de la crème délicieuse.

Je regardais toutes ces attentions comme des hommages rendus à la nièce de la dame du château et je les recevais avec grand plaisir. Mais, au bout de deux mois, le pâtre enhardi osa me faire la déclaration d'amour la plus formelle. Pour le coup, l'indignation de Chabot n'eût pas été plus grande que ne le fut la mienne, et le pauvre pâtre ne dut plus jamais être tenté de s'adresser à une demoiselle.

Rentrée au château, je déclarai à ma tante avec beaucoup de fermeté que je ne voulais plus garder les dindons. Comme elle m'avait toujours vue très timide, très soumise, cette révolte lui causa le plus grand étonnement. Ce fut en vain qu'elle m'en demanda la raison. J'étais si choquée de l'audace du pâtre que je trouvais même humiliant de la faire connaître.

Ma tante, outrée de colère, me dit qu'elle ne souffrirait point cette désobéissance ; je protestai que je la soutiendrais. Je passai la nuit à écrire à ma mère, je lui confiai tout et la conjurai de venir me retirer de cette maison.

Le lendemain, ma tante elle-même vint dans

ma chambre pour m'ordonner d'aller au pré. Je persistai résolument dans mon refus. Elle me crut pousser à bout en me menaçant de m'y faire conduire de force par deux servantes.

— Je me suis promis, lui dis-je, de n'y plus aller volontairement, si l'on me porte, cela m'est égal, je ne manquerai pas à mon serment.

Cette réponse inattendue mit ma tante hors d'elle-même. Elle appela les servantes, leur ordonna de se saisir de moi et de me transporter dans le pré. Les servantes qui m'aimaient beaucoup refusèrent nettement d'obéir. Voyant cela, ma tante quitta la chambre après m'y avoir enfermée.

Elle revint trois heures après tenant un panier à la main. Elle me demanda si j'étais disposée à lui obéir.

— En tout, lui répondis-je, une seule chose exceptée.

Elle posa alors le panier à terre en disant :
— Voilà votre nourriture pour aujourd'hui.

Elle sortit et me renferma.

Je ne trouvai dans le panier qu'une bouteille d'eau et un gros morceau de pain noir. J'en fus charmée. J'étais très fière de ma victoire. Il me semblait que la persécution en augmentait la gloire.

Au déclin du jour, j'entendis un coup de sifflet sous ma fenêtre. Je regardai dans la cour et je vis ma bonne Véronique et les deux servantes qui me montrèrent une corbeille et me firent signe de jeter quelque chose pour l'attacher.

— Non, non, dis-je, on n'est déjà que trop fâché contre vous.

Et je refermai ma fenêtre. Ma pénitence dura plusieurs jours. Une lettre de ma mère y mit fin. Je fus mise à Niort au couvent des Ursulines où je devais enfin, comme je vous l'ai déjà dit, faire mon abjuration.

La vois-tu Madame, si belle encore et si imposante, la vois-tu en gardeuse de dindons? Moi pas, je t'assure. Toute la nuit j'ai eu cette histoire en tête et j'ai fait ce rêve :

C'était dans un grand pré. Il y avait un beau troupeau, pas de dindons ; non, de brebis ayant au cou des rubans rouges, verts, jaunes et bleus, et c'étaient nous ces brebis. Je reconnaissais très bien ma petite Suzon, qui était un amour de petit agneau tout blanc, sautelant gaîment au milieu du troupeau et faisant sonner le grelot d'argent suspendu à son cou par un ruban rouge. J'étais moi-même une petite brebis toute parée de bouffettes de moire bleue.

La bergère qui était une fillette avait un masque sur le visage. Vint un jeune pâtre, qui mit genou en terre pour lui baiser la main, mais elle le repoussa rudement.

Alors, comme dans les changements de l'Opéra, le jeune pâtre se releva et parut soudain le manteau fleurdelisé sur les épaules, la couronne en

9

tête, le sceptre à la main. C'était le Roi dans tout l'éclat de sa royale Majesté.

La petite bergère grandit, le masque tomba de son visage. C'était Madame en grand costume de cour, ses belles épaules nues, un magnifique collier de perles autour du col. Le Roi lui fit un salut cérémonieux, ils se mirent à danser une majestueuse pavane et... je m'éveillai.

C'est drôle les rêves! Celui-ci pourtant est plus vrai qu'il n'en a l'air d'abord. C'était dans sa vie, à Madame, d'être bergère. Après l'avoir été de ses dindons, elle l'est devenue de nous, qui sommes un vrai troupeau de brebis plus ou moins blanches, plus ou moins douces, plus ou moins dociles. En grand mystère, je te dirai même que ce rôle de petite brebis, un peu monotone à la longue, commence à me lasser. Ah! que, comme la bergère de son rêve, ta petite brebis d'amie voudrait être transformée en belle dame de la cour.

Hélas! pour baiser ma main, je n'ai, moi, que mon cousin Jacques, guère moins pauvre que le pâtre de Madame. Je n'ai nulle envie de le repousser rudement, et pourtant nul espoir qu'il soit un jour transformé en Roi! Si seulement, pour sa belle mine, Sa Majesté daignait lui accorder un régiment. Je le crois très capable des plus brillantes prouesses, mon cousin Jacques, et alors qui sait?... qui sait?...

27 juin, lundi.

Les plus beaux rêves de la petite Margot ne sont pas ceux qu'elle fait pendant son sommeil. Elle en fait tout éveillée pendant lesquels elle ne se contente pas d'être une petite brebis blanche, si parée de bouffettes de moire bleue que soit cette brebis.

Sa Majesté est venue hier entendre vêpres à Saint-Cyr. Ah ! vivre à deux pas de la cour, dans la familiarité de ce Roi devant qui toute l'Europe tremble, n'être qu'une pauvre petite *bleue* et vouloir tant être autre chose ! Mais les murailles de Saint-Cyr ne sont point infranchissables. J'espère ! — il est si facile d'espérer à seize ans et au soir d'une journée où le plus grand Roi du monde a daigné me sourire et me dire un mot d'aimable souvenir.

Après les vêpres nous étions répandues dans le jardin, en ce moment dans toute sa beauté, tout fleuri qu'il est de lis et d'œillets (Sa Majesté ne pouvant souffrir l'odeur des roses, nous ne voudrions point de ces fleurs qui n'ont point l'honneur de lui plaire).

Partagées en bandes, nous dansions en nous accompagnant de nos chants ; nous avions toutes, qui des fleurs, qui des perles, qui des rubans dans nos cheveux. Le Roi se promenait à travers nos groupes avec cet air de majestueuse bonté qui le rend trop aimable. Le voyant passer près d'elle, ma petite Suzon quitta la ronde qu'elle dansait et s'en vint lui baiser la main avec une respectueuse familiarité dont le Roi fut surpris et charmé ! Il s'assit sur un banc et, prenant la petite fille sur ses genoux, il se mit à l'interroger avec bonté, lui demandant son nom, et si elle savait le catéchisme, et si elle se plaisait à Saint-Cyr. A cette dernière question Suzon répondit :

— Ah ! oui, beaucoup, surtout depuis que j'ai une seconde petite maman.

— Vous en avez donc deux, lui demanda le Roi.

— J'en ai même trois, repartit Suzon : ma vraie maman qui est dans notre château et mes deux mamans de Saint-Cyr : Renard, qui grogne toujours après moi, et Maisonfort, qui est bien gentille et que j'aime de tout mon cœur.

Et la mignonne terrible Suzon, glissant à terre, vint me chercher au milieu du groupe que nous formions, et me tenant par la main me conduisit à deux pas de Sa Majesté.

— Ah ! bien, fit le Roi, je suis bien aise de savoir que ma jeune chanoinesse est une bonne petite maman.

Et il s'éloigna, me laissant plus rose que les œillets roses que j'avais piqués dans mes cheveux blonds.

Le soleil allait se coucher derrière les coteaux boisés de Saint-Cyr. Le Roi s'arrêta dans le grand parterre d'où l'on jouit de la vue magnifique du

Val de Gallie, du parc de Versailles et des collines de la forêt de Marly.

Nous nous groupâmes autour de la pièce d'eau, et Glapion entonna le cantique dont la première strophe est :

> Du Seigneur troupes fidèles,
> Anges du ciel, veillez tous,
> Veillez, couvrez de vos ailes
> Un Roi qui veille sur nous.

Au milieu du calme de cette belle soirée, le Roi ne put entendre ce chant sacré dont les bois renvoyaient l'écho, sans un visible attendrissement. Les yeux tournés au ciel, il joignit tout bas sa prière à la nôtre. La cloche du soir sonna alors et tout rentra dans le silence.

— Bonsoir, mes enfants, dit Madame, le Roi est content de vous.

Sa Majesté descendant l'escalier du grand parterre salua nos maîtresses et nous salua aussi. Nous lui fîmes toutes une profonde révérence, et il s'en fut avec Madame, encore ému, pensif et souriant, rejoindre son carrosse qui l'attendait à la porte du jardin.

Tout à la joie de cette belle journée, j'oubliais Renard et sa mésaventure, mais elle ne m'oubliait pas, elle, et à peine le Roi eut-il disparu derrière la grille, elle vint vers moi d'un air de fureur qui ne pouvait me laisser aucun doute sur les intentions belliqueuses dont elle était animée à mon égard. Mais la pauvre Suzon s'étant étourdiment jetée dans ses jupes, détourna sur sa tête l'orage qui menaçait la mienne.

Renard la saisit par le bras et la secouant rudement :

— Méchante Suzon! dit-elle, te prenne qui voudra, je ne veux plus d'une petite ingrate comme toi.

— Là, dit Suzon, sans s'émouvoir de ce grand courroux, tu vois bien que tu grognes toujours!

Cela fut dit si drôlement que nous rîmes toutes comme des folles, si bien que Renard, toute déconcertée, me fit grâce d'un entretien qui ne paraissait pas devoir être fort tendre.

Sur-le-champ il fut convenu que nous nous partagerions Suzon, Montalembert et moi. Ce qu'elle fut heureuse de la substitution, la chère petite !

M#me# de Labarre (t'ai-je dit que c'était la maîtresse séculière qui remplace dans notre classe M#me# de Fontaine) eut beaucoup de peine à nous mettre en silence pour nous conduire au dortoir. Quand elle l'eut enfin obtenu ce silence, mes pensées n'en faisaient pas moins un bruit étourdissant dans ma tête. Ne trouves-tu pas, sage Minerve, que la vie est belle? Pour moi, je suis heureuse pour cent motifs aussi raisonnables que celui-ci par exemple. Je suis heureuse d'être la gentille petite Margot, et pas une vilaine Renard grognon.

JUILLET

4 juillet.

Au réfectoire j'avais pour voisine de table Montalembert. De cet agréable voisinage il résultait de si fréquentes infractions à la règle du silence, que l'on a jugé bon de nous séparer.

On m'a mise à un bout de table. Cela supprime déjà la moitié de mes si fréquentes tentations de bavardage. Comme voisine de gauche, on m'a donné Olympe de la Bussière de la Bamberdière. Tu ne la connais pas Olympe? Je t'en félicite. Je ne t'en ai jamais parlé parce que je ne la puis souffrir.

Tu me diras que je ne parais pas avoir une bien profonde tendresse pour Renard et que pourtant elle figure en bonne place dans les pages de ces *Souvenirs*. Je vais t'expliquer : ce n'est pas du tout la même chose. Renard est mauvaise, exaspérante, je la déteste, oh ! oui, de tout mon cœur : nous sommes toujours en querelle, mais au fond cela n'est pas pour déplaire à la blonde petite Margot qui est d'humeur fort batailleuse.

Olympe, elle, c'est l'ennui. Comme Mme de Sévigné je hais cela comme la mort ! Aussi, j'ai toujours fui Olympe avec autant de soin que la petite vérole, et ce n'est pas peu dire !

On ne peut l'aborder sans qu'elle entreprenne

de vous raconter la, pour elle, célèbre visite que sa tante, Mme de Barbentane, rendit à Mme de Rambouillet en sa célèbre *chambre bleue*. Ladite Mme de Barbentane est citée dans le *Dictionnaire* de Saumaise comme une des plus célèbres précieuses d'Aix (en Provence). (C'est bien loin de la cour!) Olympe aspire sans doute au même honneur, et dans le chimérique espoir d'obtenir ce, pour elle, incomparable honneur, elle se rend parfaitement ennuyeuse par ses prétentions au bel esprit et au langage le plus quintessencié des précieuses.

A midi on nous sert du melon, le premier de la saison.

— Ah! que je suis contente, j'aime tant le melon, et celui-ci est furieusement bon! dis-je à voix basse à Bussière, qui prit aussitôt un air pincé.

Je crus que c'était à cause de mon manquement au silence et ne m'en inquiétai pas autrement; mais en récréation elle vint vers moi et me dit :

— Ma chère, il est peu délicat de parler comme vous l'avez fait à table. Ma tante Mme de Barbentane (d'Aix en Provence, intercala malicieusement Montalembert) disait un jour que les précieuses ne pouvaient souffrir d'entendre dire : J'aime le melon; elles assuraient que c'était prostituer le mot j'aime, et n'autorisaient sur un tel sujet que le mot : j'estime.

— Et moi, dit impétueusement Montalembert, j'estime que rien n'est plus ennuyeux que cette manie de Bussière de faire à tout propos sa précieuse.

— Je vous ferai remarquer, Montalembert, que ce n'est pas à vous que je m'adresse, mais à Maisonfort.

— Pour moi, fis-je, je suis de l'avis de ce M. Molière dont Mme de Brinon lisait les comédies à nos maîtresses, ce que j'approuvais fort, car quelques bribes en arrivaient toujours jusqu'à nous, je pense que : *Quand on se fait entendre on parle toujours bien.* Or, comme mon : j'aime le melon est clair et exprime admirablement mon sentiment sur cet intéressant comestible, je m'y tiendrai en dépit de l'opinion de l'illustre Mme de Barbentane, d'Aix en Provence.

— Je trouve, Maisonfort, reprit Bussière avec dignité, que vous parlez des estimables précieuses avec une irrévérence blâmable. Vous savez cependant que Madame figurait avec honneur parmi les compagnies de précieuses et que M. Saumaise a tracé son portrait dans le grand *Dictionnaire des précieuses.*

Elle se mit à nous réciter (je crois qu'elle sait par cœur tout ce *Dictionnaire*) :

« Stratonice (c'est sous ce nom qu'il désigne Madame) est une jeune précieuse des plus agréables et des plus spirituelles. Elle est native d'auprès d'Argos. Elle a de la beauté, elle est d'une taille aisée. Pour de l'esprit, la voix publique en dit assez en sa faveur et tous ceux qui la connaissent sont assez persuadés que c'est une des plus enjouées personnes d'Athènes. Elle sait faire des vers et de la prose, et elle y réussit aussi bien que pas une autre de celles qui s'en mêlent. »

— Eh bien, repartit Montalembert, cela prouve, et nous n'en avons jamais douté, que Madame avait de l'esprit quoique précieuse, mais cela ne prouve pas que toutes les aspirantes précieuses en aient.

— Voulez-vous dire par là que je n'ai pas d'esprit?

— Comment le puis-je savoir, vous le cachez si bien !

Tiens ! tiens ! mais avec Montalembert pour lui donner la réplique, je crois qu'elle peut devenir amusante cette ennuyeuse Bussière.

11 juillet.

La Reine d'Angleterre, accompagnée de Madame, est venue visiter Saint-Cyr en détail. Comme nous n'attendions pas l'honneur de sa visite, nous n'avions rien préparé pour lui faire une réception qui fût digne d'elle.

Cette illustre et touchante Reine est venue dans notre classe, s'est intéressée à nos travaux, et a bien voulu témoigner à Madame le désir de nous entendre réciter quelque chose.

Tu sais que Madame, voulant varier et multiplier ses instructions sur le danger du monde et sur la conduite que nous devons tenir dans ce monde redoutable à notre sortie de Saint-Cyr, a imaginé de nous présenter ces instructions sous une forme plus saisissante, plus vive, plus attrayante. Pour cela elle a écrit des *Conversations*, et dans ces amusants dialogues elle traite les sujets de morale les plus divers, nous donne les enseignements des plus familiers, enfin, frappe notre esprit pour pénétrer plus sûrement notre cœur.

Tu sais que ces conversations sont fort à la mode. Mlle de Scudéry en a écrit plusieurs volumes que nous jouions l'année dernière ; mais ils ont paru d'une morale trop mondaine et on nous en fait tenir maintenant aux conversations de Madame, qui sont du reste fort intéressantes, ainsi que tu en pourras juger pour celle que nous avons dite devant la Reine, et que je te copie, la sachant toute par cœur ; la *Conversation* choisie était :

SUR LA CONTRAINTE INÉVITABLE
De tous les États.

UNE VIEILLE DAME	GLAPION.
ÉMILIE.	MOI.
EUPHROSINE.	MORNAY.
DOROTHÉE.	CHABOT.
FLORIDE.	RENARD.

UNE VIEILLE DAME

Par quelle aventure vois-je quatre demoiselles de Saint-Cyr à la fois ? Est-il possible que je doive ce plaisir au hasard tout seul ?

EMILIE

Non, Madame, il faut vous avouer que c'est une partie faite entre nous et que, ayant eu plus d'une dispute ensemble, nous sommes demeurées d'accord de vous prendre pour juge.

LA DAME

Je suis prête à tout ce que vous pouvez désirer de moi et je serai toujours ravie de me voir avec vous.

EMILIE

Nos disputes roulent sur la contrainte : on nous en a beaucoup parlé à Saint-Cyr. Mlle Euphrosine croit que c'est avec raison ; Mlle Dorothée prétend que des religieuses ne connaissent en effet que la contrainte, et je conviens qu'elles peuvent ignorer ce qui se passe dans le monde où l'on est peut-être moins contraint qu'elles ne le pensent.

EUPHROSINE

Si la vie était telle qu'on nous la dépeignait à Saint-Cyr, elle serait peu aimable.

DOROTHÉE

Il est vrai, car il n'y a de plaisir que dans la liberté.

EUPHROSINE

J'avoue que nos maîtresses me persuadaient souvent et que le peu de temps qu'il y a que je suis dans le monde me fait craindre qu'elles ne nous aient dit vrai.

EMILIE

Serait-il possible qu'il n'y eût pas un état sans contrainte ?

LA DAME

C'est ce qu'il faut chercher, et commencez par vos propres expériences.

DOROTHÉE

Il y a si peu que je suis sortie, que je ne me compte pour rien et que j'ai souffert dans l'espérance que j'ai qu'un autre état me mettra en liberté.

EMILIE

Je croyais que vous en aviez assez : on dit que Madame votre mère est la douceur même, et que vous êtes plus maîtresse chez elle qu'elle-même.

DOROTHÉE

Il est vrai ; mais elle est malsaine et dévote ; je ne puis sortir sans elle, et il n'y a nul plaisir chez nous.

EUPHROSINE

Je suis retirée pour trois mois auprès d'une dame qui doit me rendre à mon père ; je m'y ennuie à la mort ; cependant je la veux contenter, et ce dessein me jette dans une contrainte qui ne serait pas supportable à la longue.

EMILIE

Je vais me marier, et j'espère après cela me dédommager de tout ce que je souffre chez une grand'mère qui me fait passer mes journées avec celui que je dois épouser, en me disant continuellement de bien prendre garde à tout ce que je ferai ou dirai, de sorte que je suis toujours sur les épines.

FLORIDE

Ma mauvaise fortune me réduit à servir et je suis avec de très honnêtes gens qui ont mille bontés pour moi ; mais je n'en pouvais trouver de plus opposés à mes inclinations. Je ne crois pas pouvoir y demeurer.

LA DAME

Quel besoin avez-vous de moi si vos expériences vous font déjà voir qu'il n'y a nul état sans contrainte ?

DOROTHÉE

Tous nos états, Madame, ne sont qu'en attendant : quand je serai établie, je serai chez moi et je ferai ce qui me plaira.

LA DAME

Vous aurez, Mademoiselle, votre mari à ménager, et alors vous aurez un maître.

DOROTHÉE

Ce maître m'aimera et ne songera qu'à me rendre heureuse.

LA DAME

Vous lui déplairez peut-être ; peut-être qu'il vous déplaira. Il est presque impossible que vos goûts soient pareils ; il peut être d'humeur à vous ruiner, il peut être avare à vous tout refuser ; je serais ennuyeuse si je vous disais ce que c'est que le mariage.

EUPHROSINE

Mon père m'aime et je ferai chez lui tout ce que je voudrai.

LA DAME

Vous ferez ce qu'il voudra, qui pourra être très contraire à votre projet.

EMILIE

Celui qu'on me destine est pauvre, mais honnête homme.

LA DAME

Vous l'aimerez si cela est, et souffrirez avec lui et pour lui; la pauvreté augmentera par les enfants, et Dieu veuille que la nécessité qui aigrit l'esprit, ne trouble pas votre union ! Tout cela attire de grandes contraintes.

DOROTHÉE

Est-il possible, Madame, qu'il n'y ait personne qui agisse en liberté et qui fasse sa volonté ?

LA DAME

On la fait quelquefois, mais cela est rare et de peu de durée.

EUPHROSINE

Quelle contrainte souffre une veuve riche et sans enfants ?

LA DAME

Toutes celles de la raison, de la coutume et des bienséances.

DOROTHÉE

La raison n'empêche point qu'on se divertisse.

LA DAME

Non, mais il faut que ce soit avec modération pour le temps, avec choix pour les personnes, rarement si on veut conserver sa réputation.

EUPHROSINE

Peut-on perdre sa réputation sans faire de mal ?

LA DAME

Une femme n'en aurait pas une bonne si on la voyait continuellement dans les plaisirs.

DOROTHÉE

Et que dirait-on d'elle ?

LA DAME

Qu'elle est trop dissipée, et qu'une honnête femme doit demeurer chez elle.

EMILIE

Pourquoi demeurer chez elle, si elle ne fait rien de mal quand elle sort ?

LA DAME

C'est que le mérite des femmes consiste à savoir se modérer, à ne pas suivre tous leurs goûts, à ne pas s'abandonner aux plaisirs, quoique innocents, et tout cela exige de la contrainte.

EUPHROSINE

Vous m'étouffez, Madame, et je voudrais passer ma vie seule.

LA DAME

Ce serait une terrible contrainte, car vous auriez souvent envie de sortir et de voir du monde.

DOROTHÉE

Vivre dans une famille bien unie, sans mari, sans enfants, serait plus doux.

LA DAME

Il faudrait se contraindre pour l'union, et faire la volonté des autres, du moins tour à tour.

EUPHROSINE

Quand on est vieux, que la reputation est établie, et qu'on n'a plus de prétention au monde, n'est-on pas sans contrainte ?

LA DAME

Non, la société en requiert toujours : il faut se contraindre pour ne pas faire souffrir les autres ; il faut se taire quand on voudrait parler ; il faut s'accommoder aux goûts des autres, et, en un mot, tout ce qu'on vous a dit des égards de la politesse, du savoir-vivre, de l'occupation des autres, tout cela en bon français est de savoir se contraindre.

EMILIE

Je ne vois de ressource que dans la piété ; n'y vivrais-je pas sans contrainte ?

LA DAME

Non, mais la piété vous la fera aimer, et c'est en effet le seul moyen de trouver la liberté.

La Reine se montra fort satisfaite de la façon aisée et naturelle dont nous avions récité cette *Conversation*. Elle dit obligeamment que nous paraissions parler de nous-même. J'avoue que dans ce cas je me serais élevée plus vivement contre cette contrainte dont la menace sans cesse réitérée assombrirait notre avenir, si l'on pouvait ne pas voir l'avenir en rose quand on a seize ans et un cousin Jacques qui ne paraît pas indifférent à votre délicate beauté blonde.

Je ne suis, du reste, pas la seule à voir la vie en rose. Renard est triomphante ce soir pour avoir fait ce personnage de Floride qui a bien en tout quatre lignes.

— Cette fois du moins, nous dit-elle avec satisfaction, je n'ai point fait un personnage muet, et je crois que la Reine...

— Soyez assurée, Renard, que vous avez fait sur la Reine une profonde impression, interrompit gravement Montalembert.

Renard la regarda soupçonneuse, et s'éclipsa prudemment, dans la crainte d'une raillerie plus déclarée, capable d'amoindrir sa joie d'avoir représenté un si important personnage.

26 juillet, fête de Sainte-Anne.

Sainte Anne a mis et mettra désormais Saint-Cyr dans la joie. C'est la fête de Mme Marie-Anne de Loubert, notre supérieure (oui, décidément, nous disons toutes notre supérieure, et du cœur aussi bien que des lèvres). Pour donner plus d'éclat à cette première grande fête de Sainte-Anne, Madame a bien voulu écrire elle-même le programme des réjouissances de la journée. Je te le copie :

« Après la messe de huit heures, on se rendra

aux tables qui sont dans le bois. On mangera des petits pâtés et on boira deux doigts de vin d'Espagne.

« A neuf heures, on retournera dans ses charges.

« A dix heures, on réunira les classes, on parlera le plus sensément qu'on pourra.

« On ira dîner à l'ordinaire, mais avec un supplément de gâteaux et d'hypocras.

« A midi, on se séparera en trois bandes : la première composée des plus dignes, c'est-à-dire des plus anciennes, de Mme la supérieure et de l'institutrice (Madame se désigne ainsi elle-même). On jouera à la *Ressource*, sans dire ni oui ni non. L'institutrice mettra au jeu.

« La deuxième bande aura à sa tête Mme de Fontaine, et comme ses moyens ne sont pas assortis à son grand cœur, Mme la supérieure mettra pour elle au jeu. On jouera au *Roi qui parle sans dire vous*.

« La troisième bande sera commandée par Mme de Caylus qui mettra au jeu avec la magnificence qui lui est naturelle ; on jouera au *Roi qui parle*. Mme de Caylus y ajoutera les agréments qui lui plairont.

« A une heure on se séparera.

« A trois heures on se rassemblera et Mme de Caylus tâchera de divertir Mme la supérieure jusqu'à quatre heures ; ensuite oraison et vêpres.

« En sortant du chœur, souper, et à six heures, on sortira par la porte de l'apothicairerie, afin de conduire l'Institutrice à la petite porte qui la ramène au Siècle.

« Mme de Caylus demeurera enfermée pour les folies qu'elle aura faites. »

Cet aimable programme a été suivi de point en point.

J'étais de la troisième bande, celle de Mme de Caylus. Ah! ma bonne, qu'elle est enjouée, qu'elle a d'esprit, quelle bonne grâce elle a mise à nous divertir! et qu'il lui a été facile de gagner à la dévotion à sainte Anne cette folle troupe de *bleues* dont je faisais partie, et qui lui avions été confiées pour notre plus grand plaisir en ce jour de liesse.

28 juillet.

Ah! oui, c'est une belle chose la vie! Il faut bien avoir seize ans pour écrire une telle sottise! Mais elle est sombre, elle est laide, elle est plate, te dis-je, voilà ce qu'elle est la vie! Ces grilles, ces murailles de Saint-Cyr qui nous enserrent si étroitement, nous aspirons toutes au jour où nous les pourrons franchir pour entrer dans ce monde objet de nos rêves! Ah! bien, il est joli ce monde, il est dur, il est égoïste, il est méchant, voilà ce qu'il est ce monde, et je le déteste, et je..... mais tu ne sais pas ce que veut dire ce grand courroux et ce grand chagrin. Je te le vais dire, mais de tout près, à l'oreille, comme quand j'étais la petite Margot, que j'avais un grand chagrin et que tu me prenais sur tes genoux, baisant doucement mes cheveux et mes joues mouillées de larmes, comme l'eût fait ma pauvre vraie maman, si Dieu ne l'eût reprise à ma naissance.

Écoute donc, ma grande amie, ce qui fait ce gros cœur à ta petite Margot. Tu sais qu'on ne nous peut voir au parloir que pendant les quinze jours de quartier, aux quatre grandes fêtes de l'année. En sa qualité de maîtresse séculière, ma sœur jouit de la liberté d'aller au parloir en dehors de ces jours de quartier quand nos amies la viennent voir, et j'obtiens parfois de l'accompagner.

On nous apprit, il y a quelques jours, que notre parent, le duc de Beauvillers, avait obtenu la charge de précepteur de Mgr le duc de Bourgogne. Aussitôt mon imagination de courir. Étant en si haute situation, le duc ne manquerait pas de s'intéresser à sa famille ; rien ne lui serait plus aisé que d'obtenir, par exemple, un brevet de capitaine pour son jeune parent Jacques de la Maisonfort, lequel jeune parent, grâce audit brevet, ne tardait pas à s'illustrer, et, obtenant honneurs et fortune, s'empressait de venir les déposer aux pieds de sa blonde petite cousine (car il eût ainsi fait, mon cousin Jacques, et sans hésiter un seul instant, je te prie de le croire) ; je me voyais déjà faisant mes débuts à la cour en toilette... Bon, voilà que j'allais te la décrire, cette idéale toilette rêvée pour mes débuts à la cour. (Ah! M. de La Fontaine, comme dirait Renard, de *Perrette* ou de moi, la plus folle des deux n'est pas celle qu'on pense!)

Je t'ai dit le rêve, tu vois s'il était beau; écoute un peu la réalité :

J'étais chez ma sœur, on lui vient dire que notre cousin la demande au parloir. (C'est bien sûr pour moi qu'il vient), mais, tu comprends, c'est toujours ma sœur qu'il demande. Ma sœur se fait un peu prier pour la forme et consent à m'emmener. Je fais un cri de joie et nous voilà au parloir :

— Bonjour, Jacques !
— Bonjour, Margot....

Mais je m'arrête saisie, Jacques était pâle, Jacques était morne, lui que le parloir de Saint-Cyr vit toujours si rayonnant de la joie de ses vingt ans, et peut-être aussi du plaisir de voir apparaître sa cousine Margot, toute rose de l'émoi d'aller vers lui.

— Quel air consterné, mon pauvre Jacques, que vous est-il arrivé? dit ma sœur.

— Je viens vous faire mes adieux, dit Jacques à voix basse et sans me regarder.

— Vos adieux, vous partez?

— Oui, je viens de m'engager dans cette compagnie des gardes de marine, créée il y a six ans par M. de Seignelay.

— Mais pourquoi cet engagement qui vous éloigne de la France, de vos parents, de vos amis? Je croyais que vous aviez l'intention d'entrer aux hussards.

— Sans doute, mais un Maisonfort ne peut pas servir en qualité de simple soldat comme un homme sans naissance. Le brevet de capitaine ne s'obtient qu'à prix d'argent et vous savez, ma cousine, que je suis le plus pauvre des pauvres Maisonfort.

— Mais on m'avait dit, j'espérais que par le crédit du duc de Beauvillers...

— Moi aussi je l'espérais! Il est fort riche, on le dit pieux et charitable. Je lui fus faire une visite pour le féliciter de la haute situation où il vient d'être élevé auprès de Mgr le duc de Bourgogne, et le prier de se souvenir de moi pour ce brevet de capitaine que j'avais fait solliciter par son entremise. Il me reçut avec hauteur, me dit qu'il avait beaucoup d'affaires et me congédia en disant: » Puissiez-vous devenir un homme de bien ! »

Je fus ensuite chez ma tante de Coqueray de Campheroux qui me fit fort bon accueil, mais quand vint l'heure du dîner, elle me dit: « Adieu, mon neveu, vous me viendrez voir quand vous serez habillé. » Ah! qu'il est vrai de dire que l'humiliation suit ordinairement l'indigence! Ainsi, vous le voyez, je n'ai d'autres ressources que de m'engager dans ce corps, le seul qui se recrute exclusivement dans les rangs de la noblesse et j'ai voulu vous dire adieu avant mon départ.

A ce moment Mme de Fontaine entra au parloir et tira ma sœur à l'écart pour lui dire quelques mots. Je restai seule près de Jacques.

— Vous partez, et moi.... fis-je sans pouvoir retenir mes larmes.

— Vous, ma cousine, dit-il avec amertume, vous êtes si jolie! on vous épousera pour votre beauté, vous serez une dame à la cour, et vous oublierez votre pauvre cousin.

— Ah! Jacques!... dis-je avec reproche.

— Pardon, fit-il humblement, je suis un brutal, un maladroit; mais c'est qu'aussi je souffre trop. Vous le savez bien qu'il vous faut faire un mariage riche ou bien aller au couvent, et ce serait si dommage d'aller au couvent, jolie comme vous l'êtes, cousine Margot!... Mais le reste aussi ce sera bien affreux... pour moi...

Ma sœur se rapprocha, vit mes larmes, l'air sombre de Jacques, comprit notre peine et hâta les adieux. Elle me dispensa d'aller en classe le reste de la soirée. Je me couchai. Vers la nuit, elle s'assit près de mon lit et m'interrogea avec bonté. Mais lui répondre était au-dessus de mes forces.

— Ne me parle pas, ne me demande rien, suppliai-je.

Elle n'insista pas, me baisa sur les cheveux, dit à voix basse :

— Pauvre, pauvre chimérique petite Margot! et me laissa seule.

Je n'ai pu dormir un instant cette nuit. Je pensais à Jacques qui s'en allait si loin, si loin, et que je ne le reverrai sans doute jamais, et qu'il m'avait dit deux fois à travers son chagrin que j'étais jolie, et que cela ne servait à rien d'avoir seize ans et d'être jolie, quand on n'avait d'autre espérance que celle d'aller au couvent. Car j'avais décidé tout de suite que j'irais au couvent, ne voulant pas de mariage riche, puisque Jacques trouve que ce serait si affreux, et moi aussi du reste.

Je pleurai silencieusement toute la nuit, je pleurai sur Jacques, et aussi sur moi, sur cette beauté dont j'étais vaine quand je croyais être jolie pour Jacques et qui ne me servira de rien au couvent.

Ce matin j'ai pensé que j'aurais peut-être un peu de soulagement à te dire ma peine. Mais j'ai bien mal à la tête ; je vais me recoucher. Si seulement je pouvais dormir, arrêter un moment ces pensées qui tourbillonnent si vite, si vite, et si douloureusement dans ma pauvre tête...

. . . .

DÉCEMBRE

2 décembre.

Oui, c'est moi, la petite Margot, je reprends la plume et commence ce nouveau cahier de mes

Souvenirs. Il paraît que j'ai été malade, très malade. M. Fagon dit que j'ai eu une fièvre putride. Depuis longtemps je ne me sentais pas bien, mais j'aime mieux croire que j'ai été malade de chagrin. Je n'ai gardé de cette maladie que de vagues souvenirs. Il me semblait que je n'étais plus moi. Comme d'une personne étrangère je disais de moi : « Pauvre, pauvre petite Margot, elle a tant de chagrin ! »

J'ai passé de longues journées dans cette infirmerie, sous la protection de ce bon saint Roch dont je me tenais autrefois si prudemment éloignée. Je me revois dans mon petit lit blanc, les volets clos (je ne pouvais supporter le grand jour), étendue inerte, passant mes journées à suivre des yeux à travers la chambre la marche lente du rais de soleil filtrant à travers la fente du volet, écoutant le bourdonnement d'une mouche.

Parfois un cher visage, celui de Glapion, de ma sœur, de Madame, se penchait vers moi ; je fermais alors les yeux pour ne pas parler, et elles s'en allaient doucement un doigt sur leurs lèvres : « Chut ! elle dort ! pauvre petite Margot ! »

Puis est venu l'automne. J'étais guérie, mais encore si faible ! On ouvrait toute grande la fenêtre aux derniers rayons du soleil pâle. Je regardais les feuilles des grands ormes du parc se détacher au moindre souffle du vent, tournoyer lentement et tomber sans bruit dans les allées. Il me semblait que j'étais une pauvre petite chose comme ces feuilles légères, destinée à errer çà et là au gré du souffle mauvais de la destinée des pauvres.

Peu à peu cependant la guérison est venue, je me suis reprise à vivre avec une joie dont j'étais surprise et même un peu humiliée. Tout m'est devenu plaisir, mes premiers pas jusqu'à la cour Royale, soutenue par ma sœur et par Glapion, mes longues causeries avec cette chère amie à qui j'ai fait toutes mes confidences; enfin, l'avouerai-je? la vue du petit pain mollet, de l'œuf et des deux doigts de vin d'Espagne de mon déjeuner me causait une véritable joie gourmande.

Le mois dernier, j'ai fait mes adieux au bon saint Roch, patron de l'infirmerie, et j'ai repris ma vie de petite *bleue*. Puisque dans ta bonne lettre tu me demandes de continuer ces *Souvenirs*, que, cédant à mes instances, ma sœur a consenti à te faire parvenir (sans les lire, m'a-t-elle promis), je vais essayer de les reprendre.

A voir autour de moi la vie si paisible, si pareille à ce qu'elle était autrefois, je me surprends à penser que rien non plus n'est changé pour moi. Et pourtant, il est parti mon pauvre Jacques, et je dois me faire religieuse... Oui, mais seulement si Jacques ne revient pas. Il a écrit à ma sœur; on est content de lui, il sert sous M. de Tourville. Qui sait? Il ne faudra peut-être qu'une autre grande bataille navale comme celle de Bévéziers pour faire le bonheur de la petite

Margot. Jacques s'y distinguerait sûrement et... mais je ne veux pas refaire ma *Perrette*. Ah ! comme elle est vivace l'espérance dans un cœur de dix-sept ans (car j'ai dix-sept ans maintenant, je ne suis plus une enfant ; Glapion, du reste, me disait que, lorsque, comme moi, on est capable d'être malade de chagrin on est une vraie femme).

Enfin, voilà, c'est tout de même bon de vivre ! Je me remets tout doucement à espérer, je n'ai pas désappris le rire et Montalembert disait hier à Glapion :

— La résurrection de ta petite Margot est maintenant une chose sûre.

— Qu'est ce qui te fait dire cela ?

— C'est qu'elle s'est querellée ce matin avec Renard avec autant d'entrain que par le passé.

Et c'était vrai !

10 décembre.

Le bon abbé (c'est ainsi que nous appelons notre organiste M. de Nivers) est très fâché contre nous. Il est la bonté même, mais il a le travers de ne nous vouloir faire chanter que sa musique. Ils sont peut-être très beaux ses motets et ses chants d'église, mais le malheur est que nous ne les goûtons pas, oh ! mais pas du tout ! et le moindre air de Lulli ferait bien mieux notre affaire. L'autre jour, ma sœur jouait au clavecin des morceaux des nouveaux opéras *Atys* et *Armide*.

Ah! ma chère, quelle musique divine! Mais pour en revenir à notre bon abbé, il n'a rien imaginé de mieux pour nous délasser de sa musique, véritablement monotone et languissante, que de nous mettre aux psaumes et au plain-chant.

Beaulieu et Glapion assurent qu'elles ne se veulent point gâter la voix avec ces psaumes, ce latin et ce plain-chant. Nous embrassons leur cause avec zèle. A la première leçon de chant, nous commençons toutes avec entrain le psaume : *Qui habitat in adjutorio altissimi ;* mais, d'après notre entente, deux d'entre nous cessaient à chaque verset, si bien qu'au dernier : *Longitudine dierum replebo eum,* Mornay, qui dans la crainte de s'attirer un reproche de Madame n'avait point voulu se mettre avec nous, se trouva seule à chanter.

Le bon abbé releva ses lunettes sur son nez, ainsi qu'il le fait quand il est surpris ou contrarié.

— Pourquoi ne chantez-vous pas, Beaulieu?

— J'ai un rhume de cerveau.

— Et vous, Glapion?

— Moi aussi.

— Et vous? et vous? et vous?...

Et chacune de répondre :

— Moi aussi..., moi aussi..., moi aussi...

— Hum! dit l'abbé, voilà un rhume de cerveau bien extraordinairement collectif! Enfin, mettez un bon emplâtre de suif de chandelle, et il n'y paraîtra plus.

A la leçon suivante, même cérémonie.

— Mais, fit l'abbé, vous avez toutes fort bien chanté le premier verset, vous n'êtes plus enrhumées, je suppose. Nous protestons que nous le sommes plus que jamais et nous voilà toutes (sauf, bien entendu, Mornay) à tousser, à éternuer en pâmant de rire dans nos mouchoirs. Voyant que c'était un parti pris, le pauvre abbé s'en fut tout fâché.

Ce matin, Glapion a reçu de Madame une lettre à elle adressée, mais destinée à être lue aux *bleues*. Voici copie de cette lettre :

« On prétend que vous ne voulez point chanter les chants d'église et que vous désespérez M. de Nivers. Il n'est pas possible qu'avec la piété que vous paraissez goûter, vous ne soyez pas ravies de chanter les louanges de Dieu et de lui apporter la gloire d'un talent qu'il vous a donné et que je le prie de tout mon cœur que vous n'employiez jamais en rien qui ne soit pour sa gloire. Vous chantiez si bien les chants d'*Esther*, pourquoi ne voulez-vous pas chanter les *Psaumes*? Serait-ce le théâtre que vous aimeriez, et n'êtes-vous pas trop heureuses de faire le métier des anges? »

— Mais j'ai chanté, moi, fit Mornay, ces reproches ne sont pas pour moi.

— Abstenez-vous donc d'en prendre votre part, répondit Glapion.

Elle est navrée, cette pauvre Mornay, et s'en va répétant :

— Il me semble que M. l'abbé aurait bien pu dire que moi, du moins, j'avais chanté.

15 décembre.

Madame nous est venue faire l'instruction. Elle nous a demandé si nous pensions sérieusement à notre vocation. Elle a interrogé Mornay. Sachant que Madame souhaite fort nous voir religieuses, peut-être parce que, comme elle le dit parfois en badinant, ce sont les « gendres » qui lui manquent le plus pour ses chères filles, Mornay répondit :

— Je voudrais bien me faire religieuse, mais je ne sais pas comment reconnaître si ma vocation est véritable.

— Rien n'est plus aisé, dit Madame. Si vous raisonnez ainsi : je suis sans bien, sans fortune et hors d'état de faire une bonne figure dans le monde et d'y avoir aucun agrément, il vaut bien mieux me retirer dans un couvent où je trouverai les choses nécessaires à la vie. J'en choisirai un bien doux, point si régulier, où on aille souvent au parloir, où je ne sois pas contrainte, où enfin je puisse, en quelque sorte, me dédommager des plaisirs que je ne pourrai prendre dans le monde. Je coulerai le temps le plus doucement qu'il me sera possible. Si ce sont là vos sentiments, comptez que vous n'avez pas la vocation et demeurez dans le monde : il vaut encore mieux y être une médiocre chrétienne qu'une mauvaise religieuse.

Mais si au contraire vous vous dites : je suis pauvre, le monde ne me convient point, car je ne pourrai faire que très peu de bien, et je serai continuellement dans l'occasion de beaucoup de maux. Dieu apparemment a eu ses desseins en m'appauvrissant ; je vais y répondre et entrer en religion pour l'y servir de toutes mes forces pour y faire volontairement et par vertu ce qui me devient en quelque sorte nécessaire. Je vais choisir une maison austère, ou du moins d'une grande régularité afin d'y mettre mon salut en sûreté et d'y faire le plus de bien qu'il me sera possible. Si ce sont là vos sentiments, comptez que vous avez une très bonne vocation.

Mornay se tut prudemment, n'osant point assurer que tels étaient ses sentiments. Hier encore elle nous disait qu'elle ne comprenait pour une fille noble qu'un couvent comme l'Abbaye-au-Bois, par exemple, où l'on a un habit magnifique et où l'on vit agréablement et sans contrainte.

Cependant, Madame nous voulant donner un exemple de vraie vocation, poursuivit ainsi :

Quand Mme la duchesse de la Vallière fut touchée de Dieu et qu'elle fut sur le point d'entrer aux carmélites, je crus, comme plusieurs autres, lui devoir représenter qu'elle ne devait pas passer de la vie molle de la cour à une vie austère, et je lui conseillai de s'essayer quelque temps en se contentant de se retirer de la cour pour entrer comme bienfaitrice dans un couvent, y demeurant d'abord comme séculière jusqu'à ce qu'elle vît par elle-même si elle pouvait en observer les règles. J'ajoutai :

— Mais pensez-vous bien que vous voilà toute battante d'or (car elle s'habillait magnifiquement) et que dans quelques jours vous serez couverte de bure?

Elle me confia qu'il y avait longtemps que sous ces dehors d'une vie mondaine elle portait le cilice, couchait sur la dure et faisait toutes les autres austérités des carmélites. Et quant au conseil que je lui donnais de se retirer comme bienfaitrice dans un couvent pour y servir Dieu paisiblement en dévote séculière, elle me dit :

— Serait-ce là une pénitence? cette vie serait trop douce, ce n'est pas là ce que je cherche.

Voyez, mes enfants, ce que fait la grâce dans un cœur qui correspond à ses mouvements. Croyez-vous, du reste, qu'il n'y ait que les religieuses qui pratiquent les austérités et qui font l'oraison?

Nous voyons plusieurs dames de la cour se retirer à différentes heures pour prier. Elles savent s'esquiver adroitement de la compagnie pour vaquer à l'oraison. J'en connais une qui, depuis plus de vingt-cinq ans, couche sur la dure. Elle a l'adresse de renvoyer ses femmes qui croient qu'elle va se coucher après avoir prié Dieu. Mais, dès qu'elles sont sorties, elle ôte les matelas de son lit afin de coucher sur la dure et pour cacher sa mortification elle remet chaque chose à sa place le lendemain avant qu'on n'entre dans sa chambre.

Faire l'oraison et coucher sur la dure, ce n'est pas précisément la vie que ta petite Margot rêvait à la cour ! Et passer de la cour au Carmel ! pauvre la Vallière ! Tiens, la seule idée du Carmel me fait frissonner, et l'on dit que de Lastic y veut aller. Il me faudra bien entrer au couvent si Jacques ne revient pas ! mais ce n'est point sûrement le Carmel que je choisirai ; du reste le bon Dieu serait le premier à trouver injuste une si noire peine pour mes pas bien gros péchés de petite *bleue*.

25 décembre.

Les bontés du Roi pour Saint-Cyr sont au-dessus de tout ce qu'on en peut dire. A l'occasion de la fête de Noël, pour nous remercier du plaisir que lui font nos chants, Sa Majesté a bien voulu nous donner l'agrément des musiciens de sa chambre.

On nous a rassemblées dans la salle de communauté et nous avons entendu la plus belle symphonie religieuse du monde jouée par les plus habiles musiciens du roi. Il y avait des basses, des violes, des flûtes longues, des violons, des hautbois, un beau basson et autres. On croyait être au ciel et entendre la musique ces anges.

Glapion, si passionnée de musique qu'on doit parfois lui interdire de jouer du clavecin, car elle y met une âme, un feu capables de lui faire du mal, Glapion écoutait les yeux brillants, les lèvres frémissantes, si belle, ainsi transfigurée par l'enthousiasme !

Après la symphonie, Sa Majesté a daigné nous domander de chanter quelque chose. Nous avons chanté le prologue d'*Atys*, arrangé par M. de Nivers :

En vain j'ai respecté la célèbre mémoire...

A ce prologue on a ajouté ces vers à la louange du Roi et de Madame :

Vous de qui l'innocente et la noble jeunesse
S'élève au pied du trône à l'ombre d'un grand roi,
Voulez-vous recueillir les fruits de sa largesse,
Du Roi de l'univers apprenez bien la loi.
Voyez de Maintenon la modeste sagesse,
Imitez ses vertus, son air, sa politesse,
Sa rare piété, sa prudence, sa foi.
Ne demandez au ciel ni grandeur ni richesse
De qui le faux éclat rend nos yeux éblouis ;
Mais, par des vœux ardents et remplis de tendresse,
Abrégeant vos souhaits, demandez-lui sans cesse
Pour vous, pour nous, pour tous, qu'il conserve Louys.

Le Roi a témoigné ensuite à Madame le désir de nous entendre jouer *Esther* comme l'année dernière. C'est contraire aux intentions de Madame, qui disait à ma sœur qu'il fallait désormais nous oublier dans nos classes pour nous détourner des idées de grandeur que nous avaient données les représentations de l'année dernière. Mais un désir du Roi est un ordre. J'espère donc que nous reverrons de brillantes journées à Saint-Cyr... J'espère... Cela me ferait donc plaisir de remettre mon bel habit persan, d'être admirée, applaudie... Eh bien oui ! pour être vraie. Cela me met fort en colère contre moi de ne savoir pas mieux garder mon chagrin, mais je ne peux pas ne pas être contente de l'espoir de ces représentations.

La petite Loras veut qu'on l'embrasse, moi aussi; depuis qu'elle sait par mes confidences que je suis une vraie grande, Glapion m'embrasse quand elle me rencontre dans les corridors et cela me fait grand plaisir. Mais, en plus d'être embrassée, j'ai besoin, oh ! si besoin d'être admirée...

TROISIÈME PARTIE
1690

Jeudi, 5 janvier 1690.

Nous avons représenté *Esther* avec la même pompe que l'année dernière et devant un aussi brillant auditoire. Comme nous avons chacune repris nos rôles, il n'a fallu qu'une seule répétition.

— C'est trop fort! fit Renard, c'est une véritable injustice de ne pas changer les personnages.

— Espériez-vous donc mieux faire que Glapion, Veilhenne, Maisonfort et les autres? demanda Montalembert.

— Il ne serait peut-être pas difficile de faire aussi bien.

Un énergique oh! oh! d'incrédulité générale prouva à Renard qu'elle était seule de son avis. Elle en versa des larmes de dépit. Elle a donc dû se résigner à reprendre son rôle de jeune *Israélite* et, dans l'amertume de sa déception, c'est d'une âme bien pénétrée qu'elle a chanté avec le chœur :

> ... pleurez mes tristes yeux,
> Il ne fut jamais sous les cieux
> Un si juste sujet de larmes.

L'empressement pour voir *Esther* est toujours aussi grand. Madame dit que le Roi a reçu plus de deux mille demandes pour cette représentation, et il n'y a place que pour deux cents personnes.

M. Racine, rayonnant de joie, et M. Despréaux, presque aimable dans l'allégresse du succès de son ami, dirigeaient la représentation. M. Racine me dit obligeamment.

— Vous voilà donc guérie ; vous n'avez pas voulu nous obliger à chercher une nouvelle *Elise* qui nous eût sûrement fait regretter l'ancienne.

N'est-ce point trop aimable ! Aussi, je crois que je me suis surpassée. Ah ! si mon pauvre Jacques m'avait pu voir dans mon ravissant costume persan ! Il comprendrait bien qu'il doit revenir, et revenir célèbre pour sauver du couvent une petite Margot capable de si bien jouer la tragédie.

Madame nous répéta que le Roi avait daigné lui dire :

— Je suis bien aise de voir que la « gracieuse petite chanoinesse » (il a vraiment dit « gracieuse », tu sais) est tout à fait guérie.

— Quand je le disais, fit rageusement Renard, qu'il y a des personnes qui ne reculent devant rien, pas même devant la maladie, pour qu'on s'occupe d'elles !

— Méchante Renard, dit Glapion, pouvez-vous parler ainsi, quand vous savez que ma petite Margot a été si dangereusement malade ! Que n'en usez-vous vous-même de ce procédé de la maladie, puisque vous trouvez qu'il réussit si bien. Le Roi serait navré de votre disparition des chœurs, et dans sa joie de votre guérison, qui sait ? il ferait peut-être chanter un *Te Deum* d'action de grâces.

Cette bizarre supposition de *Te Deum* nous fit pâmer de rire. Renard quitta la place en nous lançant un regard noir. C'est égal, cela m'a fait bien plaisir cette chaleur de Glapion à me défendre.

8 janvier.

Mme de Veilhant est très malade à l'infirmerie. Ma sœur qui l'aime beaucoup a obtenu de lui consacrer tous ses moments de liberté. Mme de Veilhant est une personne d'un grand mérite, mais d'une dévotion outrée. Sous prétexte que les maladies sont des épreuves infligées par Dieu, elle néglige volontairement de soigner les siennes, au risque de les aggraver dangereusement.

Depuis plusieurs jours, elle souffrait horriblement d'un mal de dents et se complaisait pieusement dans sa souffrance, ne voulant rien faire pour s'en délivrer.

Son mal ayant pris un mauvais caractère, Madame, prévenue, lui a envoyé Carméline, le dentiste de la cour. Il est venu hier et a dit que la malade s'est laissé pourrir les gencives ; que l'os de la mâchoire est carié et qu'il faudra lui en extraire une partie par une très douloureuse opération.

J'ai obtenu ce matin de passer une heure avec Mᵐᵉ de Veilhant. Elle pleurait, non de ses douleurs, me dit-elle, mais d'une lettre qu'elle venait de recevoir de Madame, et dont elle m'a fait lire une partie, afin de me mettre en garde contre une erreur semblable à la sienne.

Voici ce que lui écrivait Madame :

« Je prie Dieu d'avoir vos souffrances agréables. Pour cela il les faut accompagner d'humilité et de simplicité.

Vous cachez un mal de dents qui vous ôte le sommeil, vous vous laissez pourrir les gencives ; croyez-vous que vous n'eussiez pas mieux fait de dire simplement votre mal et de demander le secours nécessaire ?

La vertu aurait consisté à en souffrir le refus avec patience, si Dieu eût permis qu'on vous l'eût refusé. Croyez-vous satisfaire aux obligations de votre communauté en vous rendant malsaine par des jeûnes et des mortifications qui ne sont point de votre état ? Un sentiment d'humilité qui vous ferait renoncer à votre sens pour croire celui des autres, qui vous ferait garder avec plaisir la place de subalterne, qui vous ferait obéissante à un confesseur et à vos supérieurs, vaudrait mieux que le martyre que vous souffrez. Dieu ne nous y appelle pas tous, et il nous appelle tous à l'humilité ; il n'a pas dit à tous : Soyez martyrs. Il a dit à tous : Soyez doux et humbles de cœur.

Est-il possible que croyiez le sacrifice de votre corps plus digne de lui que le sacrifice de votre esprit ? et que vous pensiez faire beaucoup en perdant votre santé et en conservant toutes vos préventions, sans croire qui que ce soit sur la terre que vous-même ?

Ce n'est pas avoir l'idée de la religion qui est esprit de vérité, qui consiste à se renoncer, à devenir petit et à marcher dans l'état où Dieu nous a mis. Il sait si ce que je vous dis est pour vous insulter, et ce que je voudrais faire pour vous soulager, mais je vous aime trop pour ne pas vous désirer une piété solide et simple, qui ne s'appuie point sur elle-même, qui ne fait point de projets de constance, qui se plaint tout faiblement, qui souffre l'humiliation comme la douleur, qui l'accepte de tout son cœur, mais qui ne veut point l'honneur de la patience.

Je prie Dieu de tout mon cœur que ce soit le fruit de votre maladie et que nous vous voyions relever avec autant de douceur et d'humilité que vous avez de courage et de détachement de votre corps. »

Je pense que c'est par esprit d'humilité que

Mme de Veilhant m'a donné cette lettre à lire, car, pour ce qui est de me mettre en garde contre un trop grand détachement de mon corps, je ne crois point que ce soit bien nécessaire. Rien ne m'est plus naturel que de me « plaindre tout faiblement », dans ce grand besoin de tendresse et de protection qui me faisait pleurer sur moi pendant ma maladie, me mettant aux lèvres ces mots : pauvre, pauvre petite Margot!

Mardi, 10 janvier.

Aujourd'hui nous avons représenté *Esther* devant un pieux auditoire. Bon nombre de fameux Jésuites ayant demandé à voir cette pièce, le Roi qui aime ces pères leur a volontiers accordé cette satisfaction.

Les RR. PP. Bourdaloue, de la Rue, Gaillard et autres qui ont assisté à cette représentation ont paru charmés de la pièce. Avant de se retirer ils ont bien voulu dire à Madame qu'ils n'entendaient rien à la manière d'apprendre à déclamer, que leurs écoliers ne faisaient rien qui vaille auprès de nous, qu'ils seraient honteux dorénavant de les faire jouer, et autres choses obligeantes.

Renard a dit que la politesse et l'envie de faire leur cour à Madame avaient bien autant de part à ces compliments que ce qu'il y avait de louable dans le spectacle et, pour une fois, Renard pourrait bien n'avoir pas tort, mais il est aussi vrai de dire que le spectacle était fort beau.

Si quelque spectateur était tenté de me contredire, ce ne serait assurément pas M. de Villette, plus que jamais en admiration devant les charmes de Marsilly; Saint-Osmane, fort jolie du reste, est aussi très remarquée. Mais celle qui a excité la plus fervente admiration, c'est ma chère Glapion. La simplicité austère de sa tunique de bure met en quelque sorte en valeur sa beauté noble et pure.

Un des pages que Mlle de Montpensier avait amenés avec elle, transporté d'admiration après la belle tirade de Mardochée.

... Quoi, lorsque vous voyez périr votre patrie,

n'attendant pas, au mépris de toutes les bienséances, que le Roi applaudit lui-même, éclata en applaudissements passionnés qui attirèrent tous les regards sur lui. Glapion fut si troublée qu'elle n'aurait pu continuer; heureusement la scène était finie, elle quitta le théâtre toute rouge et confuse.

Je voudrais bien savoir qui est ce page. Il a grand air, les plus beaux yeux du monde (presque aussi beaux que ceux de Jacques) et la fière allure du Saint-George de la Chapelle.

Après la représentation, Madame a parlé à Mlle de Montpensier en désignant le page d'un air mécontent. On ne nous le ramènera sans doute plus ce beau chevalier Saint-George. C'est dommage ! Cela nous eût fait un secret à chacune et Clapion m'eût fait ses confidences.

Dimanche, 15 janvier.

M. de Neuville, évêque de Chartres, étant mort pendant ma maladie, à l'âge de quatre-vingts ans, vient d'être remplacé par M. l'abbé Desmarets. On dit que c'est Madame qui a obtenu sa nomination du Roi, et qu'il fut bien difficile de le décider à accepter une dignité qu'il n'avait non seulement jamais désirée, mais qu'il aurait évitée sincèrement si ceux qui gouvernent sa conscience ne lui eussent conseillé de se soumettre.

La cérémonie du sacre doit avoir lieu à Saint-Cyr ; elle est retardée à cause du différend pendant entre le Roi et le pape Innocent XI. Mgr Desmarets (nous l'appelons déjà Monseigneur) a célébré ce matin la messe, au cours de laquelle nous avons remarqué qu'il répandait beaucoup de larmes.

J'avais passé toute la journée de hier à aider la sœur sacristine, Mme de Rocquemont, à orner la chapelle. Je ne t'en ai point encore parlé, je crois, je vais te la décrire.

L'église se divise en quatre parties : le vestibule, l'avant-chœur réservé aux sœurs converses, séparé de la partie suivante par deux tribunes où sont admis les visiteurs privilégiés. Cet avant-chœur est décoré de deux autels placés de chaque côté de l'entrée du chœur.

Le chœur est réservé aux dames et à nous ; les dames occupent des stalles, et nous des bancs très propres d'égale longueur, arrêtés au parquet.

Le chœur est séparé de la partie suivante par une clôture de forte menuiserie au-dessus de laquelle sont trois grandes et fortes grilles magnifiquement ouvrées, et ouvertes chacune par un guichet pour les communions.

Dans l'église du dehors où le public est admis, se trouve le sanctuaire enveloppé d'une balustrade. L'autel, très élevé, est adossé à la muraille, et son rétable très grand, magnifique, tout doré, s'élève jusqu'à la voûte.

Dans la partie réservée au public sont deux petites chapelles : l'une contient les reliques de sainte Candide ; on attend pour l'autre les reliques de sainte Pérégrino. Au bas de l'église est la statue de saint George, qui n'a pas plus noble mine que le page de Mademoiselle, grand admirateur de Glapion.

Sa Majesté voulait d'abord que l'église du dehors fût grande et « digne de la magnificence de la fondation et du fondateur ». Mais Madame s'y opposa et le Roi se rendit à ses raisons : « Ce n'est pas, dit Madame, la grandeur des bâtiments qui honore Dieu, c'est le sacrifice qu'on y offre et la ferveur des prières qu'on y fait. »

La chapelle dédiée à la sainte Vierge et à saint Louis est tout entière lambrissée et parquetée, mais sans autre décoration que celle de l'autel.

On dit qu'en faisant bâtir notre église, Madame s'est souvenue de son ancienne religion : « Ne souffrez jamais, dit-elle un jour à Mᵐᵉ de Loubert, ne souffrez jamais qu'on mette à votre chapelle aucun ornement, sous quelque prétexte que ce soit. »

Pour faire honneur à Mᵉʳ Desmarests, nous avons, pendant toute la semaine, travaillé à des bouquets de fleurs artificielles, et nous en avons décoré l'autel pour la messe de ce matin. Mais après la messe, Madame nous les a fait enlever en nous disant :

— Quand le jardin donnera des fleurs, mettez-les tout simplement dans les vases, sans art et sans perdre votre temps à les arranger. Quand vous n'en avez point, passez-vous de cette parure. La propreté, les lumières, le respect, la ferveur, honorent bien plus Dieu que tous ces ajustements qui ne font que dissiper ceux qui les font et ceux qui les voient.

Jeudi 19 janvier.

Quelle surprenante nouvelle : M. de Villette a osé déclarer à Madame son amour pour Marsilly, et son intention de l'épouser.

Le marquis de Villette est le fils de cette tante que Madame aimait tendrement, et qui la recueillit à sa naissance et à son retour d'Amérique. Il a servi, comme lieutenant général de marine et est demeuré veuf avec trois enfants : le comte de Murçay, lieutenant général ; le chevalier de Murçay, colonel de dragons qui, l'un ou l'autre, seraient, bien mieux que lui, capables de faire le bonheur de la pauvre Marsilly. Le troisième enfant du marquis est la très aimable Mme de Caylus, qui prend assez bien son parti de la folie que veut faire son père d'épouser une fille de trente ans plus jeune que lui.

Après avoir vainement raisonné son cousin, Madame a fini par consentir à cet étrange mariage. Le Roi signera au contrat et ne manquera pas de faire quelque avantage à Marsilly.

Le consentement le plus difficile à obtenir a été celui de Marsilly. Mais on lui a représenté que si elle refusait ce riche parti, il ne lui resterait sans doute d'autre ressource que le couvent, et comme elle a une insurmontable aversion pour la vocation religieuse, elle a fini par consentir ; mais elle a passé la nuit à pleurer pitoyablement dans son lit.

Mme de Caylus a complimenté Marsilly avant la représentation d'*Esther;* avec une bonne grâce que nous avons beaucoup admirée, elle lui a attaché au col le superbe collier de perles que le marquis avait envoyé comme cadeau de fiançailles, et que Mme de Caylus espérait lui voir revenir, car il appartenait à sa feue mère.

Marsilly a paru sur la scène comme une belle et touchante victime parée pour le sacrifice. Avec plus de raison que l'autre jour Renard, elle a pu chanter en toute sincérité :

> ... pleurez mes tristes yeux,
> Il ne fut jamais sous les cieux
> Un plus juste sujet de larmes.

Après la représentation, M. de Villette a été admis à présenter ses hommages à sa jeune fiancée. C'était la première fois qu'il lui adressait la parole. Elle ne lui a répondu que par des larmes. Après, nous l'avons toutes embrassée, cette pauvre Marsilly. Il y en a qui l'envient, d'autres qui la plaignent. Je suis de ces dernières. J'aimerais bien les plaisirs, et la cour, et la parure, mais à tous ces biens, je préférerais encore le couvent, si je ne les pouvais tenir que d'un mari comme le marquis.

Mlle de Montpensier assistait à la représentation, mais elle n'avait point amené son beau page.

Avant d'entrer en scène, j'avais regardé par une fente de la coulisse.

— Il n'y est pas, dis-je à Glapion.
— Qui donc ? fit-elle d'un air indifférent.
— Mais lui, le page, le beau chevalier Saint-George.
— Que m'importe ! et elle eut un geste d'insouciance.

Mais elle rougit, et je vis bien que son indifférence était feinte. Elle le chercha des yeux dans l'assemblée. Voyant qu'il n'y était décidément pas, elle dit son rôle d'un air de détachement et d'ennui qui surprit tout le monde.

Elle ne m'a pas encore parlé de lui, et comme je suis sûre qu'elle y pense beaucoup, cela me fâche contre cette peu confiante Glapion, qui ne me dit rien alors qu'elle a reçu toutes mes confidences.

21 janvier.

Oh ! cette Renard ! Crois-tu que dans son dépit de rester à perpétuité une des simples filles du chœur, elle se met à faire fi du talent de M. Racine !
Elle me dit hier en récréation :
— On fait tant de cas de cette *Esther !* Après tout, M. Racine n'a pas dû y prendre tant de peine, les modèles ne lui ont pas manqué. Bussière assure qu'il existe plusieurs tragédies d'*Esther*, elle en sait même des vers.

Comme nous sommes folles de M. Racine, à qui nous devons le divertissement de ces représentations magnifiques, nous ne faisons qu'un cri contre cette jalouse Renard, et sans vouloir rien entendre, nous allons soumettre le cas à ma sœur, qui est très aimée dans notre classe *bleue*. Elle nous entretient fort agréablement, selon l'occasion, des fables des fausses divinités, des histoires profanes, des philosophes et des poètes. Aussi le temps de ses leçons nous semble toujours trop court.

Ce matin, elle nous dit qu'elle allait consacrer la leçon à nous parler des différentes tragédies d'*Esther* écrites avant celle de M. Racine.

— Il en existe donc ? fîmes-nous consternées.

— Mais oui, et même un certain nombre.

Triomphe de Renard et de Bussière.

Ma sœur reprend :

— Lorsque M. Racine eut trouvé dans le *Livre d'Esther* le sujet de sa tragédie, il s'inquiéta peu de savoir si ce sujet avait été traité avant lui. La vérité est que ce sujet avait déjà tenté un assez grand nombre de poètes tragiques.

On trouve d'abord un *Aman* d'André de Rivaudeau ; à la fin de chaque acte, il y a un chœur des « demoiselles et filles servantes de la royne Esther ».

Ensuite, une *tragédie de l'histoire tragique d'Esther*, par Pierre Mathieu. Étant venu s'établir à Lyon, il prit la résolution de refondre son poème d'*Esther* et il en composa deux tragédies appelées, l'une *Vasthi*, l'autre *Aman*. Pierre Mathieu n'était point partisan des titres succincts. Sa première pièce avait pour titre :

Esther, *tragédie en cinq actes, sans distinction de scènes et avec des chœurs. Histoire tragique en laquelle est représentée la condition des rois et princes sur le théâtre de fortune, la prudence de leur conseil ; les désastres qui surviennent par l'orgueil, l'ambition, l'envie et la trahison ; combien* est odieuse la désobéissance des femmes ; finalement, comme les reines doivent amollir le courroux des rois endurcis sur l'oppression de leurs sujets.

Lorsque cette interminable tragédie eut été coupée, les deux parties ne furent pas ornées de titres moins majestueux :

VASTHI, *tragédie en cinq actes en vers, sans distinction de scènes et avec des chœurs, en laquelle, outre les tristes effets de l'orgueil et désobéissance, est démontrée la louange d'une monarchie bien ordonnée, l'office d'un bon prince pour heureusement commander, sa puissance, son ornement, son exercice, éloigné du luxe et dissolution, et la belle harmonie d'un mariage bien accordé.*

Et la seconde :

AMAN, *tragédie en cinq actes, sans distinction d'actes ni de scènes et avec des chœurs ; de la perfidie et trahison ; des pernicieux effets de l'ambition et envie ; de la grâce et bienveillance des rois, dangereux à ceux qui en abusent ; de leur libéralité et récompense mesurée au mérite, non à l'affection ; de la protection de Dieu sur son peuple qu'il garantit des conjurations et oppressions des méchants.*

— On est vraiment charmé de ce petit morceau, fis-je à voix basse à Renard.

Elle repartit non sans à-propos :

Les titres ne font rien, Maisonfort, à l'affaire.

Nous demandâmes alors à ma sœur de nous citer quelques vers de ces tragédies. Elles nous lut ceux-ci de *Vasthi*. *Vasthi* refuse de paraître devant le roi malgré les remontrances des dames de sa suite.

LES PRINCESSES
... Il faut que la douceur une princesse flanque.

VASTHI
Baste ! je n'irai pas, et, si j'y vais, le foudre
Du Haut-Tonnant m'esclate et m'emmenuise en poudre !

— Eh bien, fis-je à Renard :

Avez-vous bien le front de trouver cela beau ?

Je n'obtins qu'un haussement d'épaules, ce qui était bien la seule réponse facile.

Ma sœur continuait :

Antoine de Monchrestien composa ensuite une tragédie d'*Aman ou la Vanité*, qui contient des passages remarquables. Mais à côté de certains vers expressifs et vigoureux, que pensez-vous de ceux-ci. *Esther* s'adresse à *Assuérus* :

Seul miracle des rois et passés et présents,
Un plaisir incroyable en mon âme, je sens
D'avoir reçu tant d'heur, dans ma bonne fortune,
Que tu sois mon soleil et que je sois ta lune.

Ce dernier vers nous fit toutes pâmer de rire, sauf, bien entendu, Renard et Bussière.

Le sujet d'*Esther* déchoit ensuite. A l'occasion de la chute et de la mort du maréchal d'Ancre un auteur anonyme écrivit une *Tragédie nouvelle de la perfidie d'Aman, mignon et favori du roi Assuérus*. C'est une œuvre destinée à amuser le peuple. Aman dit à Mardochée :

> Ah ! te voici, coquin ! qui te fait si hardi
> D'entrer dans cette place ? Es-tu pas étourdi ?

MARDOCHÉE

> Que veut dire aujourd'hui cet homme épouvantable
> Qui croit m'épouvanter de sa voix effroyable ?
> As-tu bu trop d'un coup ? Tu es bien furieux !
> Nul homme n'ose-t-il se montrer à tes yeux ?

Les parleurs burlesques des anciens mystères *Happe-Souppe*, *Frippe-Sauce*, *Guignantrou*, reparaissent dans cette pièce. Le bourreau raille celui qu'il va exécuter, interrompt ses plaintes et l'emmène en lui disant :

> ... c'est par trop caqueté.

Plus plate encore est la *Belle Hesther, tragédie françoise tirée de la sainte Bible* de l'invention du sieur Japrien Marfrière.

Nous arrivons enfin à l'*Esther* de Pierre du Ryer qui n'a précédé que de quarante-six ans celle de M. Racine.

Cette tragédie, comme la plupart des pièces de du Ryer, n'est pas sans mérite. On sent que l'auteur est contemporain de Corneille, que le *Cid* et *Polyeucte* ont déjà été applaudis.

Cette pièce n'a point de chœurs, elle est plus une tragédie proprement dite que la tragédie de M. Racine ; mais elle n'a rien du charme ravissant que notre grand poëte a su donner au récit biblique que vous avez le plaisir et l'honneur de représenter devant de si augustes assemblées.

— Eh bien, Renard, que vous en semble ? dit Glapion, la leçon finie. Trouvez-vous encore que M. Racine doit une si grande reconnaissance à ceux que vous appelez ses modèles ?

— C'est entendu, fit Renard, M. Racine est un grand homme ! Mais je suis assurée que, pour vous toutes, c'est plutôt pour avoir essuyé les larmes de votre petite chanoinesse que pour avoir écrit *Esther*.

— Voyons, Renard, reprit Montalembert, avouez que le jour où M. Racine vous confiera ce rôle d'*Esther* que vous avez eu l'audace de convoiter, ce ne sera plus seulement pour nous qu'il sera un grand homme.

Lundi 23 janvier.

Ma sœur est loin de se douter que son intéressante leçon sur les *Esther* qui ont précédé celle de M. Racine a failli compromettre la représentation d'aujourd'hui.

Dans la scène vii de l'acte II, lorsque *Assuérus* dit à *Esther* :

Faut-il de mes états vous donner la moitié ?

cette folle Montalembert, qui fait maintenant partie du chœur, dit à mi-voix sans penser à mal :

Il faut
Que tu sois mon soleil et que je sois ta lune.

Le fou rire saisit les *Israélites* du chœur, ses voisines ; la gravité royale d'*Esther* et d'*Assuérus* en faillit être ébranlée. Les chut ! désespérés de M. Racine firent tout rentrer dans l'ordre, et, parmi les spectateurs personne, heureusement ne s'aperçut de l'incident.

Après la représentation, Montalembert fit ses excuses à *Esther* et à *Assuérus*, qui auraient pu manquer si elles n'avaient réprimé leur envie de rire. Elles l'assurèrent qu'elles ne lui en voulaient pas du tout, et rirent avec nous de cette folie de Montalembert, pour se dédommager de la contrainte qu'elles s'étaient imposée sur la scène :

— Pour moi, dit Renard, je n'ai pas ri de cette mauvaise plaisanterie. Si c'était moi qui m'en fusse avisée, on en dirait de belles ! et que j'ai voulu faire manquer la scène, et que...

— Cela, fis-je, Renard, prouve que l'on met quelque différence entre les intentions de Montalembert et les vôtres, et reconnaissez que vous êtes la seule à en être surprise.

FÉVRIER 1690

10 février.

Aujourd'hui, septième et probablement dernière représentation d'*Esther*, du moins pour cette année. Je ne t'ai point parlé des représentations du 30 janvier et du 3 février, qui se sont passées sans aucun incident digne d'être conté.

Esther est, paraît-il, maintenant aussi attaquée qu'elle a été d'abord admirée. Je t'ai dit que M. Racine avait obtenu privilège du Roi pour la faire imprimer et que Madame n'a même pas voulu être nommée dans la préface. Tout Paris a donc pu lire cette tragédie et, comme Paris n'aime pas que la cour ait tant de plaisir sans lui, il juge sévèrement ce que la cour a tant admiré.

Les amis de M. Racine disent en vain qu'*Esther* a su plaire à tout ce que le royaume avait de plus connaisseur.

— A la cour, leur répond-on, il n'y a qu'un suffrage, le suffrage de celui ou de celle à qui tout le monde veut plaire.

M. Racine est désolé de toutes ces critiques.

— Pourquoi, disait-il à ma sœur, pourquoi m'y suis-je exposé? Pourquoi m'a-t-on détourné de me faire chartreux; je serais bien plus tranquille?

Le Roi lui a donné mille louis pour le consoler.

On ne se contente pas d'attaquer *Esther*, on blâme nos représentations. Mme de Beauvillers a dit à ma sœur qu'à la dernière assemblée des dames de charité où Madame assiste régulièrement, la conversation, avant la conférence, tourna sur la tragédie d'*Esther*, et, naturellement, la flatterie renchérissait sur tous les éloges qu'accordait la vérité.

Madame dit d'un air satisfait le nom de tous les religieux qui avaient été spectateurs ou qui demandaient à l'être.

— Il n'y a que vous, Monsieur, dit-elle à M. Hébert, curé de Versailles, qui n'ayez pas vu cette pièce. Ne vous verra-t-on pas bientôt à Saint Cyr ?

M. Hébert répondit par une profonde révérence.

— Mais, dit Madame, en réponse à ce silence énergique, le P. de Chamilly, vénérable par son âge et par sa piété, brigue une place à notre parterre. Ne voudriez-vous pas y aller en si bonne compagnie ?

— Je vous supplie de m'en dispenser, dit M. Hébert, et il commença son exhortation.

Dès qu'il eut achevé, la duchesse de Chevreuse lui dit :

— Vous avez mortifié Mme de Maintenon par ce refus public. Voir *Esther* est une faveur très sollicitée ; on vous y invite et vous refusez du ton le plus désapprobateur. On n'aura plus la même confiance en vous, on vous croira outré sur la morale ; vous serez redouté comme le censeur des évêques ; vous perdrez un crédit utile à votre zèle.

— Mes raisons, dit cet austère curé, ne sont pas de vains scrupules. J'en ferai juge Madame de Maintenon elle-même ; si elle me condamne, je me rendrai volontiers.

Il dit donc à Madame :

— Vous connaissez, Madame, mon respect pour vous ; mais vous savez aussi combien je déclame en chaire contre les spectacles.

— *Esther* n'est pas comprise dans cette proscription, pourquoi donc refusez-vous de l'entendre ?

— Le peuple ne sait pas quelle différence est entre cette comédie et une autre. J'irai ; il croira plutôt à mes actions qu'à mes paroles. La réputation d'un ministre de Jésus-Christ est trop délicate pour la sacrifier à la complaisance ou à la curiosité. Eh ! pensez-vous qu'il soit décent à des prêtres d'assister à des jeux exécutés par des jeunes filles bien faites et aimables ?

— Mais du moins vous ne condamnez pas ces divertissements si utiles à la jeunesse ?

— Je crois qu'ils doivent être proscrits de toute bonne éducation. Votre grand objet, Madame, est de porter vos élèves à une grande pureté de mœurs. N'est-ce pas détruire cette pureté que de les exposer sur un théâtre aux regards avides de toute la cour ? C'est leur ôter cette honte modeste qui les retient dans le devoir. Une fille redoutera-t-elle un tête-à-tête avec un homme, après avoir paru hardiment devant plusieurs? Les applaudissements que les spectateurs prodiguent à la beauté, aux talents de ces jeunes personnes, leur inspirent de l'orgueil. Je ne puis, en exerçant un ministère qui combat toutes les passions, me défendre de la vaine gloire de prêcher devant mon souverain. Comment ces jeunes filles se préserveraient-elles d'une vanité si naturelle?

— Cependant, ces exercices sont autorisés de tout temps dans tous les collèges.

— On ne peut en rien conclure pour les collèges des filles. Les garçons sont destinés à remplir des emplois qui les obligent de parler en public : un homme de robe, un homme d'église, un homme d'épée ont également besoin de l'exercice de la déclamation. Les filles sont destinées à la retraite et leur vertu est d'être timides, leur gloire d'être modestes.

Je ne parle point du temps perdu à apprendre les rôles, des distractions que donnent le charme des vers; de l'orgueil de celles qui jouent, de la jalousie de celles qui ne jouent pas, des airs de hauteur qu'on prend au théâtre et qu'on ne quitte pas dans la société, de mille choses contraires à l'esprit de votre établissement. Je ne dis plus qu'un mot : tous les couvents ont les yeux attachés sur Saint-Cyr, partout on suivra votre exemple, on invitera des laïques à ces spectacles. Dans toutes les maisons religieuses, au lieu de former des novices, on dressera des comédiennes.

— J'entre dans tout cela, dit Madame. Mais saint François de Sales est moins rigide que vous. Il permet à ses filles de représenter des pièces de dévotion.

— Il est vrai, mais ce grand saint ne le leur permet qu'entre elles, rarement et dans l'intérieur du monastère. A la Visitation c'est un amusement privé; à Saint-Cyr, c'est un spectacle public.

Malgré l'approbation des plus fameux jésuites, des abbés Gobelin, de Fénelon, de M⁎ʳ Bossuet et de plusieurs autres prêtres d'une grande vertu, Madame a été ébranlée par les raisons de M. Hébert et a déclaré à ma sœur que la représentation d'aujourd'hui serait la dernière.

Adieu donc ce bruit des applaudissements qui m'était si doux, adieu ma jolie tunique persane. Je vais reprendre ce costume de *bleue* que je n'échangerai peut-être que contre un costume de religieuse. Ah! que cette pensée m'est amère! Je me dis parfois qu'il eût été moins triste de mourir quand, très malade, je n'étais qu'une petite créature sans pensée, sans regrets, sans désirs...

18 février.

Marsilly nous a fait ses adieux. Une vieille tante, qui ne se souciait point d'elle quand elle la savait pauvre et seule au monde, s'avise, en apprenant qu'elle est destinée à un riche établissement, de la réclamer auprès d'elle en attendant le moment du mariage. Nous la voyons toutes partir avec regret, cette chère Marsilly, car c'était une bonne compagne.

Pauvre Marsilly, elle n'est pas plus joyeuse de ses fiançailles que je ne le serais, moi, de mon noviciat, si, ce qu'à Dieu ne plaise, je vais un jour au couvent.

Madame a reçu de Sa Sainteté Alexandre VIII un bref adressé à sa *très chère fille en Jésus-Christ.* Ce bref est plein de témoignages d'honneur et d'affection pour la *noble et vertueuse dame.*

Madame a dit à ma sœur qui lui faisait son compliment sur ce bref :

— Il est vrai que Sa Sainteté m'a honorée d'un bref fort obligeant ; mais je n'en vaux pas mieux pour cela, et tous ces honneurs ne sont qu'une suite de celui que le Roi me fait. Je prie Dieu de me faire voir aussi clair sur tout le reste qu'il me semble que je vois clair là-dessus.

Ce que dit Madame pourrait bien être vrai, mais n'est-ce point une admirable humilité de le reconnaître ?

26 février.

Enfin ! Glapion m'a fait ses confidences. Je lui en voulais très fort de son silence. Elle s'est décidée à me parler, après l'aventure inouïe qui lui est arrivée hier matin à la messe.

Clapion occupe près de moi l'extrémité du banc des *bleues*, tout contre la grille. Comme nous venions d'entonner le *Gloria in excelsis*, le rideau, tiré par une main hardie, glisse, et nous voyons le page de Mademoiselle qui se met à regarder Clapion en lui montrant une lettre. Nous tournons toutes la tête au bruit du rideau glissant sur la tringle. Cela fit un grand trouble, des murmures, des chuchotements. Mme de Fontaine, rouge d'indignation, vint tirer le rideau et donna l'ordre de s'emparer du page. Mais, se voyant découvert, il était sorti en toute hâte. Clapion, confuse et tremblante, se contenait à peine. On peut dire que ce fut une messe distraitement entendue.

Clapion fut appelée chez Madame qui l'interrogea. Mais elle lui dit en toute sincérité qu'elle avait vu ce page pour la première fois à cette représentation d'*Esther* où il la regarda et l'applaudit avec tant d'insistance que cela fut remarqué. Elle assura à Madame qu'elle n'avait rien fait pour attirer son attention et qu'elle était très confuse de l'audace qu'il avait montrée le matin.

Clapion me dit rapidement tout cela pendant la récréation ; mais comme les amitiés particulières sont sévèrement interdites, et qu'il nous est défendu de parler seule à seule, elle me glissa à l'oreille en voyant s'approcher notre maîtresse :

— Viens près de mon lit, ce soir, je te dirai tout.

Le soir, je n'eus garde de m'endormir ; quand

tout fut tranquille dans le dortoir, je me glissai doucement hors de mon lit, m'enveloppai de mon grand manteau et m'agenouillai devant le lit de Glapion, voisin du mien, mon oreille tout contre ses lèvres. A voix basse nous parlâmes du page :

— Tu sais, Madelon (oui, je l'appelle Madelon depuis que nous sommes très amies, c'est une liberté que peu de *bleues* osent se permettre), tu sais, à ta place, il me plairait beaucoup ce page. Je ne serais pas triste du tout qu'il ait pris de l'amour pour moi.

— Tu oublies que j'ai promis à Madame que je me ferai religieuse.

— Tu avais huit ans quand tu fis cette belle promesse ! La peut-on prendre au sérieux? C'est facile à promettre quand on est *rouge* qu'on se fera religieuse ; mais quand on est recherchée par un beau chevalier Saint-George !

— Ne ris pas, Margot, je t'assure que ce n'est pas du tout risible. Je te le dis en confidence, j'ai beaucoup pensé à ce jeune homme ; j'avoue même que son air hardi ne me déplaît pas. Quand je ne l'ai plus vu aux autres représentations d'*Esther*, je n'ai plus eu de goût pour jouer, comme tout le monde l'a pu remarquer. La pensée que je jouais devant le Roi me laissait fort indifférente puisqu'il n'était pas là, lui !

— Eh bien, alors, tu dois être heureuse de l'avoir revu ?

— Non..., oui..., je ne sais pas. Ce dont je

suis sûre, c'est que je suis offensée du moyen qu'il a pris pour attirer mon attention. Il aurait plus de respect s'il avait l'intention de me rechercher en mariage.

— Mais, Madelon, il a vingt ans ! A cet âge l'amour est plus fort que le respect. Et puis, comment oser se présenter devant Madame pour lui demander ta main !

— Sans compter que c'est sans doute un cadet sans fortune et, dans ce cas, il ne peut songer à épouser une demoiselle pauvre. Alors pourquoi recourir à des moyens offensants pour ma dignité ? Si seulement je pouvais ne plus penser à lui. Ah ! Margot, tout cela me donnera bien du tourment.

Et elle pleurait, ma pauvre Madelon, et de mes lèvres, j'essuyais doucement les larmes sur ses joues. A ce moment Renard, voisine de Glapion, éveillée par nos chuchotements, s'assit curieusement sur son lit pour nous regarder, au risque de nous signaler à l'attention de Mme de Saint-Aubin qui nous garde au dortoir. Elle dormait heureusement. Mais impossible de continuer notre causerie sous le regard curieux de Renard. Oh ! elle n'oserait pas rapporter sur nous, et puis, il faut être juste, ce n'est pas dans sa nature d'être rapporteuse. Elle a, Dieu merci ! bien assez d'autres défauts sans celui-là !

Toute glacée, car les nuits de février sont froides et mon manteau est léger, je regagnai mon lit, m'endormis et je fis ce rêve.

C'était dans la chapelle, l'autel illuminé était tout fleuri de lis et d'œillets. Un cortège nuptial faisait son entrée aux accents du cantique le plus triomphal de l'abbé de Nivers.

En tête du cortège était Glapion très pâle et si belle, au bras du page bardé de fer et tout semblable à la statue de notre saint George. Je venais ensuite au bras de Jacques, rayonnante dans une robe brodée d'argent. Nous nous agenouillâmes devant l'autel. Tout à coup la chapelle m'apparut toute tendue de noir, et le *de Profundis* pleura lugubrement sous les voûtes. Glapion et moi, vêtues de longues robes de bure, nous nous étendîmes côte à côte sur les dalles du chœur. Comme dans les professions religieuses, on déploya sur nous le drap mortuaire. Ce drap pesait sur moi lourdement comme s'il eût été de plomb, j'étouffais, et dans l'effort que je fis pour le soulever, je poussai un cri et m'éveillai. Ce n'était qu'un rêve! Merci, mon Dieu! Mais j'en ai eu tout le jour l'âme mélancolique.

MARS 1690

4 mars.

Tu sais que les travaux manuels tiennent une large place dans l'éducation de Saint-Cyr. Nous brodons en ce moment, pour la chapelle du roi à

Versailles, un grand ornement représentant le sacrifice d'Abraham. On a fait venir des brodeurs de Paris pour nous montrer à faire toutes sortes de broderies. Ils logent dans les dépendances de la maison. Madame nous a vues avec déplaisir entreprendre ce magnifique travail. Elle déclare que nous n'en ferons plus de semblable. Elle veut que l'on nous occupe aux travaux de couture les plus variés, que l'on nous fasse passer du neuf au vieux, du beau au grossier; des habits au linge afin que nous sachions un peu de tout.

Madame est venue voir où nous en étions de notre ornement. Notre maîtresse lui a dit qu'elle cherchait à nous donner de l'émulation pour le travail.

— Vous ne pouvez leur inspirer rien de meilleurs, a dit Madame. Comptez que c'est procurer un trésor à vos filles que de leur donner ce goût de l'ouvrage, car, sans avoir égard à la qualité de pauvres demoiselles qui les mettra peut-être dans la nécessité de travailler pour subsister, je dis que généralement parlant, rien n'est plus nécessaire aux personnes de notre sexe que d'aimer le travail: il calme les passions, il occupe l'esprit et ne lui laisse pas le loisir de penser au mal; il fait même passer le temps agréablement. L'oisiveté au contraire conduit à toutes sortes de maux. Je n'ai jamais vu de filles fainéantes qui aient été de bonne vie.

Que peut faire une femme qui ne sait demeurer chez elle et trouver son plaisir dans les occupations de son ménage et dans un ouvrage agréable ? Il ne lui reste à le chercher que dans le jeu, la compagnie et les spectacles. Y a-t-il rien de si dangereux ? Combien de filles, sans être mal nées, ni avoir de méchantes inclinations, ont perdu leur honneur pour s'être rencontrées en de méchantes compagnies ? Combien voit-on de familles ruinées par le jeu ?

J'ai connu à la cour une demoiselle très sage de sa nature qui s'est perdue par là. Elle avait une telle passion de jouer que, n'osant le faire ouvertement, parce que la princesse dont elle était fille d'honneur le lui avait défendu, elle demeurait tout le jour penchée à une porte, passant par-dessus l'argent, les cartes ; enfin cette passion l'a poussée si loin qu'elle passe des nuits à jouer avec des gardes ; elle en est devenue jaune, maigre, horrible, quoique ce fût une personne bien faite et fort aimable. Si elle avait eu du goût pour l'ouvrage, il l'aurait préservée de tomber dans ce malheur.

Madame nous montra ensuite un voile de fauteuil, brodé avec une admirable délicatesse, dont on venait de lui faire présent. Nous nous récriâmes toutes sur la beauté de ce travail, mais elle nous dit :

— J'espère que vous ne me ferez jamais de ces gentillesses-là. Vous savez que notre constitution défend tous les ouvrages exquis tels que les agnus, les colifichets, les châsses et choses semblables, qui, sous prétexte de piété sont de vrais amusements d'enfants. Ces sortes d'ouvrages, et ceux semblables à ce voile, me déplaisent, non seulement à cause de leur inutilité, mais principalement parce que je crois qu'on les fait avec une attache qui est contraire à la perfection et qui est la cause de plusieurs irrégularités ; on se couche plus tard, on ne se lève pas au son de la cloche, pour les exercices ; on en veut faire des présents on espère ensuite d'en recevoir.

Oui, je vous le répète, j'aimerais mieux, si vous en aviez besoin, vous voir filer et coudre pour autrui, et ma sœur l'économe recevoir humblement cinq sols pour le prix de son travail, que de vous voir amuser à ces bagatelles.

Si jamais cela vous arrive, dit-elle en riant, je viendrai de l'autre monde, après ma mort, faire un bruit effroyable pour épouvanter celles qui auraient des occupations si contraires à mes intentions.

Ce discours a consterné Mornay. Voyant que Madame ne paraît pas s'apercevoir de sa pourtant très ostensible adoration, elle avait commencé, en grand mystère, un voile de guipure d'une finesse à user les yeux de toutes les *bleues* réunies. Elle fondait de grandes espérances sur ce voile pour s'avancer un peu dans l'affection de Madame.

Elle me montrait ce soir ce voile vraiment très beau et presque terminé.

— Après ce que Madame vient de dire je n'oserai plus le lui donner. Et moi qui ai passé tant d'heures à m'user les yeux pour elle! C'était bien la peine, elle ne le saura même pas.

C'est toujours là qu'elle en revient, Mornay. Elle veut bien se dévouer, mais elle compte trop sur ce qui doit lui en revenir. C'est ce qui me fait mettre en doute sa soi-disant adoration pour Madame. Il me semble que, quand on aime, c'est dans le dévouement et le sacrifice qu'est le bonheur, même quand l'aimé devrait toujours ignorer votre dévouement et votre sacrifice.

10 mars.

Crois-tu qu'il a eu l'audace de reparaître à la chapelle! Qui, Il? demandes-tu. Et qui serait-ce sinon le page de Mademoiselle, ce chevalier Saint-George. (Nous l'appelons ainsi entre nous, faute de savoir son nom véritable.)

Il a osé tirer encore le rideau, et, avec une étrange hardiesse, il a été jusqu'à jeter une lettre sur les genoux de Madelon. Tu juges de la confusion de cette pauvre amie.

Mme de Fontaine, plus rouge et plus indignée que jamais, vint remettre le rideau et s'emparer de la lettre que Madelon avait laissée sur ses genoux, sans oser seulement la toucher du bout du doigt.

Ma sœur a dit ce soir à Madelon que Madame

avait été très fâchée de l'audace du page, qu'elle en avait écrit une fort vive plainte à Mademoiselle, lui demandant de le faire rudement châtier.

Madelon en larmes me vint tout répéter.

— Tu étais si courroucée contre lui, Madelon. Tu dois être satisfaite de savoir que son insolence sera punie.

— Ne sois pas méchante, Margot. C'est vrai tout de même que je ne sais pas ce que je veux. Le matin, à la messe, en entendant glisser le rideau, j'ai tout de suite senti que c'était lui. Je ne voulais pas tourner la tête, mais j'ai été obligée de le faire, comme si une force supérieure à ma volonté m'eût tirée en arrière.

— Moi aussi, j'ai tout de suite compris que c'était lui, et ma délibération sur le point de savoir, si, oui ou non, je devais tourner la tête n'a pas été longue, je t'assure. Oh! Madelon, de quels yeux tendres et ardents il te regardait !

— J'ai été à la fois si heureuse et si confuse de ce regard ! Mais quand il eut l'audace de jeter la lettre sur moi, alors, oui, alors je crois que je l'ai détesté. On ne traite pas ainsi une demoiselle noble.

— Ah ! je reconnais qu'il a été trop loin et que tu as raison...

— Mais maintenant que je sais que Madame a écrit contre lui, je n'ai plus d'indignation ; je n'ai que du chagrin de penser qu'il sera châtié et que j'en serai la cause !

— La cause bien innocente en tout cas, ma pauvre Madelon. Moi, ce que je regrette, c'est de n'avoir pas lu cette lettre ; et toi, n'aurais-tu pas voulu la lire ?

— Certes non ! peux-tu supposer....

— Pourquoi pas ! Jacques ne m'a jamais écrit à moi. Je ne sais qu'il m'aime que pour l'avoir lu dans ses yeux ! cela ne m'empêche pas d'en être si sûre ! Ce doit être tout de même bien intéressant une lettre d'amour !

— Crois-tu ? Eh bien, oui, là, je n'aurais jamais osé la lire, mais je voudrais tant savoir ce qu'il y avait dans cette lettre.

Il est certain que nous ne le saurons jamais. C'est dommage ! Ah ! oui, ce doit être bien intéressant une lettre d'amour, et surtout la première !

15 mars.

M. de Nivers a eu le plaisir de voir disparaître comme par enchantement notre rhume collectif, lorsqu'il nous a proposé de nous faire apprendre les *Cantiques spirituels* que M. Racine vient de composer pour nous.

Il y a quatre cantiques : le premier, *à la louange de la charité*, est tiré de la première Épître de *saint Paul aux Corinthiens* ; le deuxième, *Sur le bonheur des justes et sur le malheur des réprouvés*, est tiré du livre de la Sagesse ; le

13

troisième, *Plainte d'un chrétien sur les contrariétés qu'il éprouve au dedans de lui-même*, est tiré de l'*Épître de saint Paul aux Romains* ; le quatrième, *Sur les vaines occupations des gens du siècle*, est tiré des divers endroits d'*Isaïe* et de *Jérémie*. Ma sœur dit que ces odes sont admirables ; malheureusement, la musique est fort inférieure aux paroles.

Le Roi est venu entendre Complies à Saint-Cyr. Après quoi on nous a réunies et nous lui avons chanté le cantique *Sur les vaines occupations des gens du siècle*, dont voici la dernière strophe :

> L'âme heureusement captive
> Sous ton joug trouve la paix,
> Et s'abreuve d'une eau vive
> Qui ne s'épuise jamais.
> Chacun peut boire en cette onde,
> Elle invite tout le monde ;
> Mais nous courons follement
> Chercher des sources bourbeuses,
> Ou des citernes trompeuses
> D'où l'eau fuit à tout moment.

Ensuite Veilhenne lui a récité avec beaucoup d'âme et de grâce l'ode de Mlle Deshoulières *Sur le soin que le Roi prend de sa noblesse dans les places et à Saint-Cyr*. Cette ode a remporté le prix de poésie à l'Académie française. Elle réussit très bien les odes, cette demoiselle ; que ne s'y tient-elle ? On dit que sa tragédie, *Genséric*, représentée il y a dix ans à l'hôtel de Bourgogne, est bien mauvaise. Ma sœur me fit lire sur cette tragédie ce sonnet de M. Racine. Il se défend de l'avoir écrit, mais il est bien de lui, paraît-il :

> La jeune Eudoxe est une bonne enfant,
> La vieille Eudoxe une franche diablesse,
> Et Genséric un roi fourbe et méchant,
> Digne héros d'une méchante pièce.
>
> Pour Trasimond, c'est un pauvre innocent,
> Et Saphronise en vain pour lui s'empresse ;
> Hunneric est un homme indifférent
> Qui, comme on veut, et la prend et la laisse.
>
> Et sur le tout le sujet est traité
> Dieu sait comment ! Auteur de qualité,
> Vous vous cachez en donnant cet ouvrage.
>
> C'est fort bien fait de se cacher ainsi ;
> Mais pour agir en personne bien sage,
> Il nous fallait cacher la pièce aussi.

N'est-ce pas très joliment méchant ? et n'a-t-on pas raison de dire que nul comme cet homme aimable n'excelle à faire de mordantes épigrammes ?

Tu me demandes dans ta dernière lettre de te décrire le costume de Sa Majesté. J'ai toujours vu le Roi vêtu de velours de couleur plus ou moins foncée, avec une légère broderie et un simple bouton d'or. Il a une veste de drap ou de satin, rouge, bleue ou verte fort brodée. Il ne porte jamais de bagues ni de pierreries qu'à ses boucles de souliers ou de jarretières. Son chapeau est bordé de points d'Espagne avec un plumet blanc. Il est le seul de la maison royale qui porte l'ordre du Saint-Esprit sur l'habit. Les jours de mariage ou de cérémonie, il porte l'ordre par-dessus l'habit avec des pierreries pour, dit-on, huit ou neuf millions.

Madame est toujours vêtue d'un damas feuille morte tout uni. Elle est coiffée en battant l'œil et n'a pour toute parure qu'une croix de quatre diamants pendue à son cou. Tu sais qu'elle a toujours été habillée très simplement, ce qui n'enlève rien au grand air qu'elle a naturellement. Elle nous disait un jour que son directeur, M. l'abbé Gobelin, lui avait ordonné de faire des retranchements sur sa toilette et, comme elle lui disait qu'elle ne portait ni soie ni dentelles, mais des robes de petite bourgeoise : « Je ne sais ce qu'il y a, ma très honorée dame, lui répondit-il, mais quand vous venez vous confesser, je vois tomber à mes pieds une quantité d'étoffe qui a trop bonne grâce et sied trop bien. »

Il avait raison, ce bon abbé, le costume sobre de Madame lui sied fort bien, et toutes les duchesses de la cour en grand appareil ne le peuvent disputer avec elle en majesté et en noblesse.

26 mars.

Madame ayant passé la récréation avec nous, nous lui dîmes combien nous admirions la bonté et l'affection que le Roi nous avait témoignées dans la dernière visite. Madame nous dit :

— Voyez par là, mes enfants, que rien ne rend si aimable que la bonté, la bonne humeur et l'affabilité. C'est ce qui fait que le Roi est si chéri de ses peuples. Jamais il ne rebute personne.

— Et puis, dit ma sœur, notre Roi a fait de grands établissements.

— Oui, dit Madame en riant, et quand il n'y aurait que celui de Saint-Cyr, il serait admirable, n'est-il pas vrai ? Et ne l'est-il pas encore davantage dans l'établissement des Invalides ?

Nous priâmes Madame de nous parler de cette fondation du Roi :

— Je puis vous dire, mes enfants, que vous seriez surprises de voir la règle qu'il y a dans cette maison. Ils sont plus de deux mille hommes qui gardent le silence aussi exactement que la classe la plus sage. On entendrait, comme on dit, trotter une souris. Ce sont cependant des soldats grossiers. Il y a des officiers, chacun tient son rang. On a établi des punitions pour ceux qui font des fautes. Il y a la *table de la Samaritaine* où l'on ne boit que de l'eau. Il y a aussi le *cheval de bois* pour ceux qui font des fautes plus considérables : il est dans un endroit où il peut être vu de tout le monde, et ceux à qui on impose cette punition, outre la douleur, ont encore la honte.

Y étant allée une fois, le curé des Invalides me dit que de deux mille hommes, il n'y en avait que soixante qui n'étaient pas tout à fait convertis, et qui lui faisaient un peu de peine; parce qu'ils n'approchaient pas si souvent des sacrements et qu'ils n'étaient pas si dévots que les autres. A peine tous ces hommes connaissaient-ils Dieu à l'armée, et présentement ils sont d'une piété et d'une dévotion surprenantes. Il y en a un grand nombre qui communient tous les huit jours et plusieurs le font encore dans la semaine. Ils font leurs deux heures d'oraison par jour, quoique cela ne soit pas de règle.

J'allai dans une tribune de leur église qui est parfaitement belle et fort grande. Je vis là trois ou quatre cents invalides qui priaient Dieu avec une dévotion admirable. Je demandai quel exercice c'était. On me répondit que ce n'était point un exercice, que c'étaient seulement quelques particuliers qui faisaient l'oraison. Ce sont cependant des hommes et des hommes de guerre qui sont avec ce respect dans les églises et qui prient si dévotement.

Ils ont vingt messieurs de Saint-Lazare et trente sœurs de charité. Quel respect n'ont-ils pas pour ces filles! Ils n'osent leur dire un mot. Jamais ces gens ne jurent quoiqu'ils y aient été accoutumés à l'armée...

— Ne sortent-ils jamais ? dit ma sœur.

— Pardonnez-moi, réprit Madame, mais avec

congé, et on leur marque l'heure où ils reviendront.

— Tout cela est admirable ! Mais ce n'est point là le seul établissement que le Roi ait fondé ?

— C'est encore Sa Majesté qui a établi les hôpitaux qui sont dans les armées. Quand on campe en quelque lieu, on choisit dans la ville ou le village le plus proche une maison pour traiter les blessés et les malades, ce qui se fait aux dépens du Roi. Quand on décampe, ce qui arrive souvent, on choisit un autre lieu pour servir d'hôpital.

Ma sœur demanda alors ce que c'était que l'établissement qu'on nomme la Charité.

— La Charité, dit Madame, est un endroit où l'on donne à manger à tous les pauvres. La feue reine y allait tous les jeudis, les servait et, après leur avoir donné à chacun un potage et une portion, elle leur distribuait à tous un demi-louis. Il y a encore ailleurs de ces sortes de Charités, à Saint-Germain, à Fontainebleau.

— Il faut, dit Glapion, qu'il y ait bien des pauvres, puisque tant d'endroits ne suffisent point à les soulager.

— Ah! ma chère enfant, reprit Madame, le nombre en est infini, et surtout des pauvres honteux. Ce sont là les meilleures charités que l'on puisse faire. Ces pauvres gens-là, qui n'osent demander leur pain, sont encore plus à plaindre que les autres. J'en connais bien de ce rang. On leur peut faire la charité en leur faisant tenir de l'argent soit par un confesseur, soit par soi-même, sous prétexte de leur rendre des visites, mais toujours d'une manière qui ne leur fasse point de peine.

Presque tout le revenu de Madame est employé à des charités de cette sorte, elle ne se réserve rien pour elle-même, ce qui n'empêche pas, dit-elle un jour à ma sœur, qu'elle ne reçoive journellement d'injurieuses lettres anonymes. Dans une de ces lettres on lui disait : « N'êtes-vous pas lasse de vous engraisser en suçant le sang des pauvres? » N'est-ce point une horrible injustice ?

AVRIL 1690

12 avril.

Qu'arrivera-t-il de tout ceci? Bien des ennuis pour Glapion, j'en ai peur. Tu penses bien qu'il s'agit encore du page. Sans nul souci du rude châtiment que lui a fait infliger Mademoiselle, poussant jusqu'au bout son diabolique dessein, il a suborné un de nos brodeurs.

Hier matin, à la leçon de couture, Glapion, le coude appuyé au bord de son métier, et la tête dans sa main, écoutait les explications que lui donnait le brodeur. La cloche sonna la fin de l'exercice ; cet homme glissa un billet dans l'ouverture de la manche de Madelon et sortit précipitamment.

Comprenant aussitôt d'où venait le billet, Madelon, toute tremblante et n'osant le prendre, me le montra du regard. Je m'en emparai vivement.

Notre office de semaine nous appelant à la lingerie, nous nous plaçâmes dans la partie la plus éloignée de la maîtresse, et, à l'abri des hautes piles de linge que nous devions ranger, nous pûmes échanger ces mots.

— Rends-moi cette lettre, Margot ?

— Pourquoi faire ?

— Pour la porter à Mme de la Maisonfort.

— Tu veux la remettre à ma sœur ? Pas avant de l'avoir lue, je suppose ?

— Y penses-tu, Margot ? Lire cette lettre, jamais !

— Ah ! bien, tu as peut-être raison. Je vais la porter à ma sœur.

— Tu es bien pressée, ma chère, ne peux-tu du moins attendre que nous ayons fini notre office ?

— Attendons ! fis-je, et je parus m'absorber dans le compte de mes piles de mouchoirs. Au bout d'un instant :

— Margot ?

— Madelon ?

— Tu ne dis rien ?

— Si ; regarde comme mes piles sont régulières.

— Méchante ! tu ne dis plus rien de la lettre ?

— Puisque tu es décidée à la remettre à ma sœur.

— Si seulement je pouvais savoir ce qu'il m'écrit !

— Dame ! à moins d'ouvrir la lettre, je ne vois pas !

— Oh ! pour cela, non certes...

Un silence.

— Donne-moi cette lettre, Margot.

Je la lui glissai avec précaution entre deux piles de mouchoirs.

— Peut-être veut-il s'excuser de ses dernières audaces ?

— Le procédé témoigne en effet d'un profond repentir !

— Peut-être est-ce un adieu. S'il partait, ne devrais-je pas lire son adieu ?

— Pour toute réponse je pris le billet et rompis délicatement le cachet.

— Malheureuse Margot ! qu'as-tu fait ?

— Ce que tu brûlais d'envie de faire toi-même sans l'oser. Mais lis d'abord la lettre. Tu me feras des reproches après.

Elle lut le billet, devint toute pâle et me le tendit. Ah ! ma bonne, quelle étrange lettre d'amour ! Ce n'est pas comme celle que m'écrirait Jacques, bien sûr ! Mais il est véritablement enragé, ce page! Et moi qui le comparais à saint George! C'est d'un affreux, quoique charmant Lucifer qu'il m'a tout l'air.

Dans cette lettre il dit à Clapion que, n'étant qu'un pauvre cadet d'une bonne famille de Lorraine, il ne peut espérer de l'épouser; mais qu'il ne peut vivre sans elle. En conséquence de quoi, il la prévient qu'il escaladera la grille, et l'attendra dans le parc, derrière l'infirmerie de Saint-Roch, quand sonnera l'angélus.

— Escalader la grille, mais il est fou! fis-je très inquiète.

Clapion pleurait.

— Je le savais bien que je ne pouvais espérer d'être un jour sa femme. Il se perdra, et il me perdra.

— Ah! mais je ne l'entends pas ainsi. Il faut, au risque des reproches à encourir pour l'avoir ouverte, porter cette lettre à ma sœur. Sans quoi, si on apprenait que le brodeur te l'a remise, on croirait que tu approuves la folle tentative de cet enragé.

Je fus donc remettre la lettre à ma sœur qui se fâcha très fort en la voyant ouverte.

— C'est moi, dis-je, qui suis la seule coupable. Clapion voulait te la remettre tout de suite. C'est contre son gré que j'ai brisé le cachet.

Clapion à qui je fus obligée de tout expliquer afin qu'elle ne me contredît pas, ne voulait pas me laisser accuser à sa place.

— Tu comprends, fis-je, cela ne servirait à rien. Être grondée par sa sœur n'est jamais bien terrible. Si tu parles, je serai encore grondée pour avoir menti, sans compter que je n'ai pas menti, puisque c'est moi qui ai brisé le cachet.

— Ce que je n'avais pas dit à Glapion, qui ne l'eût pas souffert, c'est que ma sœur m'avait dit que j'aurais à comparaître devant Madame.

Madame me fit appeler chez elle, et me gronda sévèrement de ma coupable indiscrétion. Ces reproches qui, en tout autre cas, m'eussent désolée, me laissèrent fort paisible. Ma pauvre Madelon est si triste que j'étais trop heureuse de lui éviter des reproches. Avec une liberté d'esprit que Madame était loin de me supposer, je regardais furtivement son appartement dans lequel nous ne sommes que rarement appelées, afin de pouvoir le te décrire.

Cet appartement n'a rien de la magnificence de celui de la presque oubliée, hélas! Mme de Brinon. Il occupe la plus grande partie du rez-de-chaussée. Le Roi avait destiné à Madame l'appartement du premier étage; mais elle préféra en faire l'infirmerie, et se contenta de quatre petites pièces.

Ces pièces sont parquetées et lambrissées d'une très belle et très propre menuiserie. La première de ces pièces, la bibliothèque, renferme trois grandes armoires remplies de livres de piété. Là se trouvent aussi deux grands volumes en vélin, reliés en maroquin du Levant, contenant les armes, blasons et preuves généalogiques de toutes les élèves de Saint-Cyr.

La deuxième est meublée d'un grand lit et de plusieurs sièges de damas bleu avec des housses de serge bleue. Elle est décorée d'un beau tableau de saint François peint par Murillo.

La troisième est meublée de deux lits de repos et de sièges semblables aux précédents.

La quatrième est meublée de sièges, de tables et de rideaux. Les fenêtres donnent sur la cour verte et l'on jouit d'une belle vue sur les jardins.

Mais, pour en revenir à la plus intéressante histoire de Madelon, afin que le page parût moins coupable d'avoir suborné le brodeur, nous avons dit que la lettre avait été trouvée dans un paquet de soies remise à Clapion, et où elle avait été sans doute introduite furtivement.

On posta deux hommes au pied de la grille, à l'heure de l'angélus; mais, s'étant peut-être aperçu de leur présence, le page ne se montra pas.

Madame a déclaré qu'elle prierait Mademoiselle de le traiter avec une rigueur qui le découragerait de tenter désormais d'aussi offensantes entreprises.

Ma pauvre Madelon est dans un pitoyable état de trouble. Nous n'avons guère dormi cette nuit.

Vendredi 21 avril.

Madame nous a appris aujourd'hui une bien triste nouvelle : Mme la Dauphine est morte.

Ma sœur m'a redit tous les détails de cette mort. Je ne te les transcrirai pas, car tu les liras sûrement dans les gazettes.

Lundi 24 avril.

Je ne t'ai point parlé du carême prêché par M. l'abbé Tiberge. Comme l'année dernière, je ne me suis point révoltée contre le tableau très noir qu'il nous a tracé du monde. La vie m'apparaissait autrefois telle qu'une salle de bal ou de festin avec des profusions de fleurs, des bouffées de musique et des ruissellements de lumière. Maintenant, elle m'apparaît sombre comme la salle aux volets clos de l'infirmerie, avec un seul petit rais de lumière. C'est le succès et le retour possible de Jacques, ce petit rais de lumière. Si Jacques ne revient pas, adieu tout ! Il n'y aura plus que de l'ombre et ce sera si triste ! J'aime tant la lumière, le soleil, l'éclat des lustres, tout ce qui luit, tout ce qui réchauffe, tout ce qui brille...

Madame ne perdant aucune occasion de nous tracer du mariage un tableau que j'aime à croire peu flatté, Morna y en a conclu qu'elle ne souhaitait pas nous voir engager dans cet état. N'osant plus parler de vocation religieuse, elle a pensé que le célibat serait un moyen terme qui lui vaudrait sûrement l'approbation de Madame.

Ce matin, en classe, comme l'on parlait encore de vocation, elle a donc déclaré, qu'après avoir bien réfléchi, le célibat lui semblait la meilleure situation pour une demoiselle qui n'aurait pas la vocation religieuse.

— Je ne saurais vous approuver, dit Madame. Sans doute je ne vous conseillerai pas de vous mésallier, ni d'épouser un homme qui aurait aussi peu de bien que vous, car vous n'iriez pas loin avec les six sols de revenus par jour que vous recevrez en quittant Saint-Cyr. Votre mauvaise fortune peut donc vous contraindre à demeurer dans le célibat, mais c'est un état bien triste et bien dangereux pour la réputation d'une jeune personne.

Je connais des demoiselles qui ont été élèves de Saint-Cyr. Elles demeurent près de leur mère parce qu'elles n'ont point de vocation, et qu'on ne les peut marier selon leur condition, car il y a peu de familles en France qui les égalent. Cependant, avec toute leur naissance, elles n'osent se montrer. Leur mère m'a dit qu'elle ne les avait menées qu'une fois aux Tuileries et qu'elle avait pris le temps qu'il n'y avait personne.

Une autre demoiselle autrefois très riche est présentement réduite à être chez une dame de qualité. Malgré les bontés que cette dame a pour elle, il faut qu'elle essuie plusieurs contretemps assez fâcheux. Elle me disait, l'autre jour, que cette dame, étant allée à Paris, l'avait laissée chez elle persuadée qu'elle y serait bien traitée.

Quand ce fut l'heure du dîner, voyant qu'on ne songeait pas à lui en apporter, elle pria qu'on lui fît une omelette. Le cuisinier lui répondit qu'il avait autre chose à faire qu'à la servir, et que, si elle en voulait, elle n'avait qu'à la faire elle-même, qu'elle savait bien où prendre les œufs.

Elle m'avoua qu'elle l'aurait faite sans aucune peine si elle avait été chez elle, mais qu'elle n'avait pu se résoudre à tenir la queue d'une poêle grasse à côté d'un cuisinier, qu'elle avait eu moins de peine à s'en passer.

Pauvre Mornay ! On peut dire qu'elle n'est pas heureuse dans les nombreuses tentatives qu'elle fait pour obtenir l'approbation de Madame !

Jeudi 27 avril.

On fit hier la cérémonie de porter le cœur de Mme la Dauphine de Versailles au Val-de-Grâce. M. de Meaux prit le cœur qui était enfermé dans une boîte de vermeil doré, sur un carreau de velours, et le porta dans le carrosse.

On arriva au Val-de-Grâce à minuit. On trouva l'abbesse à la tête de ses religieuses. Elle avait fait dresser un autel sur lequel on déposa le cœur. M. de Meaux fit un discours très chrétien qui dura une heure et demie. L'abbesse y répondit. Après quoi les religieuses et le clergé marchèrent processionnellement jusqu'au chœur des religieuses dans lequel il y avait une représentation de Mme la Dauphine sur laquelle on mit le cœur.

Après les prières et les encensements, M. de Meaux reprit le cœur et le porta à la chapelle de sainte Anne. On y trouva une autre représentation de Mme la Dauphine. Sous cette représentation étaient les tiroirs dans lesquels on a mis les cœurs des Reines et des enfants de France, chacun avec la couronne en haut, et placée selon son rang et non selon le temps de sa mort.

MAI 1690

Mardi 8 mai.

Le corps de Mme la Dauphine fut porté hier à Saint-Denis. M. de Meaux fit les oraisons accoutumées. Douze gardes du roi prirent le corps. Deux gardes portaient le coffre où étaient les entrailles.

Le chevalier d'honneur portait un carreau de velours noir sur lequel était posée la couronne voilée d'un crêpe. La musique du Roi précédait le char. Le char était très élevé et couvert d'un poêle de velours noir, avec une grande croix de toile d'argent, et quatre grands écussons aux armes de la défunte. La cour et l'armée venaient ensuite. La porte du faubourg Saint-Denis se trouva trop basse pour que le char pût passer. Il fallut l'abattre, ce qui fut cause que la marche dura douze heures. Les troupes portaient des flambeaux et des écharpes noires; les timbales étaient couvertes de crêpe; les trompettes sonnaient à la sourdine.

M. de Meaux fit un fort beau discours.

On dit que Mme la Dauphine n'était point heureuse. Du moins lui a-t-on fait de pompeuses funérailles. Pauvre princesse !

Lundi 8 mai.

Tout Saint-Cyr est dans un émoi extraordinaire, et il y a de quoi ! Ah ! ma pauvre Madelon, comme finit tragiquement cette histoire d'amour que j'avais vu s'ébaucher avec joie, espérant qu'elle serait matière à aimables taquineries et à douces confidences !

Nul diable plus forcené ne se vit jamais que ce page que j'avais surnommé Saint-George, avec un à-propos qui ne fait pas précisément honneur à ma perspicacité. Écoute le récit de cette incroyable aventure.

Mademoiselle, outrée des plaintes qu'elle recevait constamment sur son page, le fit rudement châtier et le menaça de le chasser. Il en devint comme fou, et portant sa colère sur le brodeur qu'il crut l'avoir trahi, il se fit accompagner de trois commis de M. de Seignelay, de ses amis, et ils s'en vinrent jeudi dans la cour du dehors où ils battirent le brodeur.

Les compagnons du brodeur le défendirent, et le maître, ayant tiré son épée, fut percé de plusieurs coups par ces enragés; sa vie est encore en danger.

M. La Ferté, gentilhomme des dames de Saint-Louis et chargé de la garde du dehors, vint à son aide, parvint à saisir deux des assaillants, mais non le page, qui s'enfuit à Paris.

M. La Ferté courut à Versailles avertir M. Manseau de cette aventure, celui-ci s'en alla à Marly où était la cour, et fut rencontré par le Roi qui voulut savoir pourquoi il venait. Il raconta le fait et le Roi ordonna qu'on conduisît les coupables dans les prisons de Versailles. On dit qu'ils perdront leurs emplois et qu'ils seront abandonnés à la justice.

Quant à l'audacieux auteur de tout ce mal, on se mit à sa poursuite; mais comme il a pris à Paris des chevaux et une bonne somme d'argent, on ne sait si l'on parviendra à l'arrêter avant qu'il ait passé la frontière.

Ma pauvre Madelon est au désespoir. Elle se reproche amèrement tous ces malheurs dont elle est la cause innocente. Elle est à l'infirmerie au lit avec la fièvre. On ne m'a permis de la voir qu'un instant. Sa plus douloureuse préoccupation est le sort réservé au page.

— Tu sais, Margot, on le poursuit; ils le prendront, l'enfermeront, le feront peut-être mourir, et c'est moi, moi! qui en serai la cause, me dit-elle avec désespoir.

— Tranquillise-toi, Madelon, avec l'audace que nous lui connaissons, il ne se laissera sûrement pas prendre.

— Vois-tu, Margot, tout ce qui arrive est une juste punition de la facilité avec laquelle j'avais rompu ma promesse de vocation religieuse dans l'espoir de l'épouser.

J'essayais vainement de la calmer par de bonnes paroles :

— Non, non, Margot, c'est moi, moi seule qui suis coupable; seule je dois expier. Aussi, je te prends à témoin du vœu irrévocable que je fais de prendre l'habit des dames de Saint-Louis afin d'obtenir la grâce qu'*Il* échappe à ceux qui le poursuivent.

— Il échapperait sûrement sans cela, ma pauvre Madelon, et puis tu ne peux faire cette promesse, puisque tu l'aimes encore, malgré ce qu'il te fait souffrir.

— Je ne suis plus une enfant de huit ans, je fais cette promesse en toute sincérité et liberté, et la tiendrai loyalement. S'il est vrai que j'aie encore la faiblesse de l'aimer, eh! bien, tant mieux, mon sacrifice n'en sera que plus efficace pour *Lui*. Morte au monde, avec l'aide de Dieu, je ne garderai du monde rien de vivant en mon cœur.

Tout cela est très beau, mais un instant après elle reprenait :

— Pourvu, pourvu qu'ils ne puissent le rejoindre. Penses-tu qu'il ait déjà pu gagner la frontière?

Pauvre courageuse Madelon, qui croit qu'il est si facile d'imposer silence à son cœur.

Vendredi 12 mai.

Le maître brodeur va mieux. M. Fagon, que Madame avait fait mander pour le soigner, l'a déclaré hors de danger.

On n'a pu rattraper le page, j'en étais sûre ! Il a pu passer la frontière et s'est mis au service d'un prince allemand. Et parce qu'il a pris envie à ce page de malheur de faire cent mille folies, voilà ma pauvre Madelon condamnée au couvent de par sa propre volonté.

Quand elle a appris que le page était en sûreté, Madelon n'en a témoigné nulle joie; mais elle s'est levée et a repris ses occupations avec le zèle, la régularité qu'elle y avait toujours apportés. Elle est seulement un peu plus pâle, voilà tout.

Je lui dis mon étonnement de la voir si indifférente à la nouvelle du salut du page, après les craintes désespérées qu'elle avait montrées pour lui.

— Ne me parle plus jamais, jamais de *Lui* Margot.

Et soupirant :

— Je ne croyais pas qu'il pût être si difficile de s'arracher un souvenir de l'âme.

Puis avec un beau sourire de vaillance :

— J'y arriverai... avec l'aide de Dieu... mais je crains que cela ne soit bien long.

Pauvre, pauvre Madelon!...

. . . .

Madame a eu beaucoup de peine de toute cette histoire; mais elle est trop juste pour en rendre Madelon responsable, car elle sait bien que tout ce qui est arrivé n'est pas de sa faute. Mais il lui est revenu que l'on s'entretenait beaucoup de cette aventure parmi les *bleues*. Elle en a pris occasion pour nous parler sur la nécessité d'éviter les occasions.

— Je ne saurais trop vous le redire, mes chères filles, il n'y a d'assurance pour la vertu que dans la fuite des occasions. Le mal ne s'établit pas tout à coup dans une âme. Il s'y insinue peu à peu.

On commence par aimer l'ajustement, par vouloir plaire, par écouter les flatteries et y donner créance. Insensiblement, le cœur s'engage et on succombe.

Il faut, sur cela, que je vous conte une histoire connue d'un grand nombre de gens; ainsi je ne crains point de vous la dire.

C'était une fille d'honneur de la reine-mère, de la première qualité, jolie de sa personne et de beaucoup d'esprit. Elle aimait à se parer, et c'est ce qui fit son malheur. Il y eut un homme qui s'en aperçut. Il commença par lui dire qu'elle était belle. Sachez que les hommes ne s'attaquent ordinairement qu'à celles qu'ils n'estiment pas. Ce n'est pas toujours aux jolies qu'ils s'adressent, et, au contraire, il y en a d'effroyables qu'ils poursuivent. C'est la différente conduite des filles qui fait cela. Ils respectent celles qui sont sages et auxquelles ils savent fort bien qu'ils déplairont de s'adresser.

Vous pensez sans doute aux tristes aventures de ces derniers temps, mais il fallait être un véritable fou comme ce page pour oser s'adresser à une demoiselle de Saint-Cyr.

Pour en revenir à la chute de cette misérable fille dont je vous parle, il lui sembla d'abord bien doux de s'entendre dire qu'elle était jolie, aimable, et mille choses de cette sorte. Après cela, cet homme gagna ses femmes, et cela n'est pas difficile, car il n'y a qu'à donner un peu d'argent à ces gens-là. Toute la maison, en peu de temps, fut de concert avec lui : chacun lui en disait mille biens. Il lui faisait des présents; elle fut assez sotte pour les recevoir.

Enfin, elle en vint jusqu'aux dernières extrémités, donna pendant dix ans un scandale épouvantable et mourut subitement, après avoir fait tuer son enfant pour cacher sa faute.

Je me souviens que, quand j'appris cette

effroyable nouvelle, les cheveux me dressèrent véritablement à la tête, d'horreur. La femme qui avait commis ce crime pour elle, et l'homme qui y avait contribué de ses conseils, furent brûlés; elle-même serait morte sur l'échafaud si elle avait été vivante. Quel assemblage de malheurs et de crimes!...

Oui, c'est à frissonner!

Et moi qui trouve si doux d'être admirée. Il me semble encore entendre la chère voix de Jacques me disant : « Vous êtes si jolie, cousine Margot! » et ce souvenir frôle mon âme d'une caresse très douce.

Contre le mal et la tristesse de la vie, n'y a-t-il donc qu'un refuge, le couvent? Contre le mal, peut-être, mais contre la tristesse! Je ne suis pas une âme forte comme Glapion, moi; si je dois aller au couvent, n'être pas admirée, n'être pas aimée, oh! surtout aimée, je sens bien que cela me rendra triste à mourir.

JUIN

2 juin.

En attendant de mourir de tristesse, j'ai bien ri au commencement de la récréation. Les *rouges* ont voulu nous donner à leur tour la comédie Loras et Montesquiou sont venues gravement nous inviter à une représentation d'*Esther*. Très intriguées, nous suivîmes les petites. Elles avaient préparé pour nous des bancs à l'ombre. Suzon annonça le spectacle en ces termes :

— *Esther*, tragédie en trois scènes, à quatre animaux.

— Comment, nous récriâmes-nous, à quatre animaux !

— Oui, repartit Suzon, nous avons mis des animaux, c'est bien plus amusant. Je vais dire les personnages :

LE LION ASSUÉRUS . . . . D'AUMALE.
LA BREBIS ESTHER. . . . . DE BOULAINVILLIERS.
L'OURS MARDOCHÉE. . . . . . . LORAS.
LE LOUP AMAN . . . . SUZON.

La représentation commença, ce fut d'abord une scène entre le *lion Assuérus* et le *loup Aman*. Le *lion* s'ennuie ; le *loup* lui propose de faire égorger les brebis du royaume pour le divertir.

L'*ours Mardochée*, ayant appris la fatale nouvelle, va voir la *brebis Esther* et lui ordonne d'aller trouver le *lion Assuérus* pour lui demander la grâce des brebis ; et c'était la chose la plus plaisante d'entendre la petite *brebis* Boulainvilliers déclarer :

— Ze n'y veux pas aller, le méçant *lion* il me croquerait !

Ici, le *loup* Suzon, jugeant que le langage de la jeune interprète n'était pas à la hauteur des circonstances, crut devoir intervenir :

— Vous comprenez, nous dit-elle, Boulainvilliers est trop petite pour apprendre de vrais vers comme nous. Nous l'avons choisie à cause de ses cheveux tout pareils à une toison.

Et c'était bien la plus jolie petite *brebis* du monde, cette mignonne Boulainvilliers avec ses cheveux blonds tout frisés.

Après cet avertissement au public, l'*ours Mardochée* commença pathétiquement sa grande tirade, avec des vers de ce goût :

> Quoi, lorsque vous voyez périr chaque *brebis*...
> Dieu parle, et d'un *lion* vous craignez le courroux...
> S'il a permis du *loup* l'audace criminelle...

Très troublée par ce flot d'éloquence, la petite *brebis* faillit manquer la réplique.

Energiquement soufflée par Suzon, elle dit avec âme cette sommaire prière :

— Ze veux bien y aller; mais faites, ô mon Dieu, que le gros lion il ne me croque pas !

— Elle est si petite, dit Suzon d'un air protecteur, elle ne peut pas faire une longue prière.

Enfin, c'était bien la folie la plus divertissante du monde, et nous riions du meilleur de notre cœur, lorsque Mornay, apercevant Madame sur le perron, s'empressa d'aller lui dire ce qui se passait et la pria d'assister à la représentation.

Toute triomphante, elle ramena Madame, juste au moment où le *lion* disait à la *brebis* :

> Que craignez-vous, *brebis*, suis-je pas votre frère ?
> Est-ce pour vous qu'est fait un ordre si sévère ?

La *brebis* répondit :

— Ze suis bien contente, seigneur *lion*, que vous ne croquiez point la petite brebis.

Elle était si drôle, cette petite, que c'était à mourir de rire ! mais notre joie ne fut pas de longue durée.

— Quel étrange divertissement est-ce là? fit Madame, d'un air sévère.

Elle dit à la maîtresse des *rouges*, toute confuse de cette désapprobation, d'emmener ses élèves, et, prenant place au milieu de nous, elle nous dit avec vivacité :

— Se peut-il qu' au lieu de reprendre ces enfants vous vous soyez amusées à les écouter? Est-il rien de si ridicule que cela? Ce n'est pas assez dire, il le faut nommer profanation. Quoi ! tourner ainsi sottement des paroles de l'Ecriture Sainte dont cette pièce est composée. Si vous le regardez du côté de la piété, c'est ce qu'on appelle profaner une chose sainte. Si vous consultez le bon sens, vous m'avouerez que c'est une impertinence de gâter une bonne chose.

Quand cette pièce serait profane, un esprit raisonnable ne pourrait prendre plaisir à ce ridicule. Je ne connaîtrais que Polichinelle capable de cette sotte plaisanterie. On lui parle d'hyménée, il répond cheminée ; tout le menu peuple éclate de rire ; mais les honnêtes gens haussent les épaules.

Est-ce possible qu'à Saint-Cyr on s'amuse à

quelque chose de pis et qu'au lieu de faire taire, à la première parole, de sottes enfants à qui de pareilles sottises passent par l'esprit, vous vous soyez diverties à ce spectacle! On ne doit pas, par une simplicité qu'on doit plutôt appeler petitesse, tolérer des choses pitoyables, telles par exemple que de faire jouer un noël où la sainte Vierge et saint Joseph sont introduits sur le théâtre, allant de porte en porte mendier un logement.

Vous devez aussi retrancher de vos jeux tout ce qui contrefait les cérémonies de l'Eglise ou certaines actions respectables des couvents : par exemple, l'élection d'une supérieure, l'exhortation que lui fait l'évêque en pareils cas.

— Cependant, Madame, dit Montalembert, on nous raconte dans la vie des saints comme une chose de bonne augure que dans leurs jeux ils imitaient les cérémonies de l'Eglise, faisaient des sermons, des prédications, chantaient la messe.

— Nous ne savons pas, dit Madame, comment les saints faisaient ces sortes de représentations ; elles pouvaient être accompagnées d'une simplicité qui les rendait louables ; le monde était plus simple autrefois, et l'on a été obligé de défendre bien des choses dont l'institution était pieuse et utile.

Par exemple, l'hôtel de Bourgogne, à Paris, avait été établi pour représenter la Passion de Jésus-Christ ; l'on y mettait un homme en croix, l'on portait à sa bouche une éponge pleine de vinaigre et l'on imitait ainsi toutes les autres circonstances de la Passion de Notre-Seigneur. Le peuple y assistait avec tant de piété qu'il fondait en larmes.

La simplicité ayant diminué, il s'y est mêlé de si grands abus, que l'on a été obligé de défendre cette représentation, et cet hôtel de Bourgogne qui avait été destiné pour une fin si édifiante, sert à présent de théâtre pour représenter les mauvaises pièces.

Voilà comme l'on peut abuser des plus merveilleuses choses, et ce qui oblige d'en blâmer, comme dangereuses, d'autres qui, en elles-mêmes et dans leur origine, étaient très bonnes. C'est pourquoi l'exemple des saints qui, dans leur jeunesse, contrefaisaient les cérémonies de l'Eglise, n'est pas une raison pour vous de le faire.

— Désapprouveriez-vous, Madame, demanda Chabot, que les *rouges* et les *vertes*, qui jouent quelquefois à la madame, faisant des visites et en recevant, jouassent aux religieuses?

— Non, répondit Madame, ce jeu n'a rien de mauvais en soi. Il est assez indifférent qu'elles se réjouissent à représenter une communauté, qu'elles établissent une maîtresse, des pensionnaires, qu'elles aillent au parloir, pourvu qu'elles n'y mêlent ni cérémonies de l'Eglise, ni pratiques religieuses, qu'elles pourraient tourner en ridicule et pour lesquelles on doit leur inspirer un grand respect.

Après le départ de Madame, Suzon, pas contente du tout d'avoir vu sa tragédie en trois scènes et quatre animaux interrompue au plus bel endroit, me vint demander :

— Pourquoi donc qu'elle avait l'air si pas contente, Madame ?

— Tu sais bien, dit Loras d'un air important, qu'on dit que c'est elle *Esther*; elle a été fâchée d'être représentée en petite *brebis*.

— Elle était pourtant bien jolie notre petite *brebis*. Tu ne trouves pas, Margot ?

— Mais si je trouve !

— Eh bien ! alors ! fit Suzon.

Et elle partit avec Loras, le cœur gros de cette, pour elle, incompréhensible proscription de sa tragédie en trois scènes et quatre animaux.

11 juin.

Chabot est revenue tout en larmes du dortoir où elle est de semaine.

— Qu'as-tu, Chabot ? demanda Mornay.

— C'est encore cette sœur Souvigny...

— La guerre est donc toujours déclarée entre vous ? dit Montalembert.

— Ce que je la déteste ! fit rageusement Chabot.

— Une si excellente personne ! Voyons, que lui as-tu fait ?

— Elle se mêlait de me donner des ordres, mais je lui ai répondu d'importance !

— Eh bien! alors, puisque c'est toi qui as été insolente envers elle, pourquoi pleures-tu?

— C'est que, voilà! Madame passait en ce moment, elle a tout entendu.

— Bon, fit Mornay désolée, encore des reproches à recevoir!

Les reproches ne se firent pas attendre. Madame nous vint faire l'instruction et nous dit d'un air fâché :

— Il y a longtemps que je vous parle de cet orgueil mal placé que je tâche de détruire à Saint-Cyr, et cependant je l'y trouve encore.

Je ne saurais comprendre ce qu'a fait Chabot. On l'envoie balayer, et parce qu'on lui marque ce qu'elle doit faire, elle s'en choque et dit : Une servante ne doit pas me commander, c'est à nous à faire ce que nous voulons.

Peut-on voir une telle insolence? Quoi! parce qu'on vous dit : Vous balayerez là, ou vous ferez cela, vous êtes choquée? Mais moi, si on m'envoyait aider à une servante, la première chose que je ferais serait de demander ce qu'elle veut que je fasse, car, certainement, je ne saurais par où commencer. Il faut qu'il y ait bien du travers dans votre tête. Et où en serions-nous si c'était un affront de s'instruire des gens au-dessous de soi?

On le fait tous les jours et personne ne s'avise de s'en croire déshonoré. On dit l'autre jour à Bussière de porter du bois et de balayer ; elle répond qu'elle n'est pas une servante. Non certainement, vous ne l'êtes pas ; mais je souhaite qu'au sortir d'ici vous trouviez une chambre à balayer, vous serez trop heureuse et vous saurez alors que d'autres que des servantes balayent. Je me souviens qu'allant un jour chez Mme de Montchevreuil qui attendait compagnie, elle avait bien envie que sa chambre fût propre et ne pouvait pas la nettoyer elle-même parce qu'elle était malade, ni la faire faire par ses gens qu'elle n'avait pas alors; je me mis à frotter de toutes mes forces pour la rendre nette et je ne trouvai point cela au-dessous de moi.

J'aurais beau frotter votre plancher, aller quérir du bois ou laver la vaisselle, je ne me croirais point rabaissée pour cela. Que tout le monde vienne à Saint-Cyr et qu'on nous trouve toutes le balai à la main, on ne le trouvera pas étrange, et cela ne vous déshonorera pas.

Nous sommes toutes nées demoiselles, mais demoiselles pauvres. On ne peut se donner la naissance ni se l'ôter : ainsi toutes ces choses ne sauraient vous faire mépriser. Il n'y a que les gueux revêtus qui ont cette sotte gloire et qui croiraient se rabaisser en les faisant. Vous ne serez pas moins nobles pour porter du bois ou pour balayer. Vos preuves sont ici et vous pouvez croire qu'on ne doute point de votre noblesse.

Je suis persuadée que vous feriez toutes ces

choses avec plaisir si on ne le vous disait point, quand ce ne serait que pour sortir de votre banc, monter et descendre ; et parce qu'on vous y envoie une fois en trois mois, cela vous fait dire mille insolences. C'est un orgueil insupportable.

On connaît dans le monde la noblesse par son honnêteté : elle aime à faire plaisir, à soulager, à épargner de la peine, et il est étonnant que vous ne vouliez pas rendre le moindre service à une maison qui fait tout pour vous. Encore une fois, vous n'en seriez pas dégradées.

Il faut que je vous dise une parole de Mlle Balbien, qui m'a toujours paru admirable. S'étant trouvée un certain moment à Noisy à la tête des *bleues*, on obligea une demoiselle de lui venir demander pardon, et elle lui dit : « Voyez, mademoiselle, où vous a réduite votre orgueil, jusqu'aux pieds d'une couturière ou d'une petite femme de chambre. »

Cela n'est-il pas admirable ? Voilà une femme qui méritait assurément bien d'être née de parents nobles. Rien n'est si beau que de ne point sortir de son état. Ceux qui ont le cœur véritablement noble ne sont point portés à s'élever, ni à mépriser personne.

Si on forçait une de nous à servir chez quelque particulier et qu'elle ne s'y pût résoudre, aimant mieux passer ses journées depuis le matin jusqu'au soir à travailler pour gagner ce qui lui serait nécessaire, je ne pourrais la blâmer.

Si on venait faire à une autre la proposition d'un mariage avec un homme sans naissance et qu'elle me répondît : « Je ne puis vaincre la répugnance que je sens là-dessus », je la plaindrais de ce qu'elle refuse un parti qui pourrait la rendre heureuse ; mais je ne le trouverais pas étrange, car ce sont des inclinations ordinaires à la noblesse.

Si j'entendais dire à une demoiselle : « J'aurais bien mieux aimé voir mourir mon frère que de savoir qu'il a fui et de penser qu'il passe pour un poltron » ; je dirais aussi : Voilà qui est d'un cœur noble et j'en pense tout autant que vous.

Si plusieurs disaient : « J'aime mieux être toute ma vie vêtue d'étamine que de recevoir des présents, vivre de mes cinquante écus avec ce que je puis gagner par mon travail que de prendre quelque chose », je dirais : Voilà des demoiselles qui sentent leur noblesse, et c'est en cela justement que consiste la bonne gloire.

Ainsi, dûment chapitrée, Chabot a dû promettre d'aller faire des excuses à sœur Souvigny. Elle était bien marrie d'en être réduite à une, pour elle, si fâcheuse extrémité, mais le moyen de résister à Madame !

26 juin.

Je faisais réciter le catéchisme aux *rouges*. Je demande à Azincourt une petite nouvelle :
— Combien y a-t-il de sacrements ?

— Il y en a sept.

— Nommez-les.

Elle les nomme, sauf le mariage.

— Vous n'en avez dit que six.

Elle se met à rire.

— Ah! celui que j'ai passé, on ne le nommait point dans le couvent d'où je sors.

Mornay, qui s'en tient encore à ses idées de célibat, approuve la petite et dit :

— C'est fort bien fait, je ne trouve pas convenable de parler de ce sacrement à des enfants.

Dès la récréation, voyant Madame qui causait avec ma sœur, nous lui fûmes soumettre notre contestation.

— Quoi! dit Madame, un sacrement institué par Jésus-Christ, qu'il a honoré de sa présence, dont ses apôtres détaillent les obligations ne pourra pas être nommé! Voilà ce qui tourne en ridicule l'éducation des couvents! Je ne voudrais pas voir ces travers à Saint-Cyr.

On m'a dit qu'une des petites fut scandalisée au parloir de ce que son père avait parlé de sa culotte. C'est un mot en usage ; quelles finesses y entendent-elles? Est-ce l'arrangement des lettres qui fait un mot immodeste? Auront-elles de la peine à entendre les mots de curé, de cupidité, de curieux? Cela est pitoyable. D'autres ne disent qu'à l'oreille qu'une femme est grosse. Veulent-elles être plus modestes que Notre-Seigneur qui parle de grossesse, d'enfantement?

Il y a bien plus d'immodestie à toutes ces façons-là, qu'il n'y en a à parler de ce qui est innocent, et dont tous les livres de piété sont remplis.

Quand vous aurez passé par le mariage, Mornay, vous verrez qu'il n'y a pas de quoi rire. Il faut vous accoutumer à en parler très sérieusement et même tristement, car je crois que c'est l'état où l'on éprouve le plus de tribulations, même dans les meilleurs.

Elle revient bien souvent sur cette désolante conclusion que le mariage est l'état où l'on éprouve le plus de tribulations ; ce qui ne m'empêche pas de croire que le mariage, avec Jacques bien entendu, serait tout simplement le paradis sur la terre.

JUILLET

8 juillet.

Nous avons chanté en grande joie un solennel *Te Deum* pour remercier Dieu de cette glorieuse bataille de Fleurus que le maréchal de Luxembourg a remporté le 1ᵉʳ juillet sur le prince de Waldeck qui commandait l'armée des États généraux de Hollande, Madame a bien voulu nous donner des détails. L'avant-veille de la bataille le chevalier de Pomponne ayant traversé la Sambre avec deux cents dragons, enleva, l'épée à la main, deux redoutes des ennemis. Le Roi a fait à M. de Pomponne de grands compliments sur cette action d'éclat de son fils.

A côté de cette grande joie du triomphe, il y a des deuils bien cruels. Le comte de Jussac, premier gentilhomme de la chambre de M. le duc du Maine, a péri dans une charge de cavalerie par laquelle le prince avait mis en déroute un escadron ennemi; le plus triste, c'est qu'il était comme retiré. Mme de Montespan le fit venir par force à la cour et puis à la guerre, où, avec un tel prince qui prend goût au métier, il ne devait pas apparemment faire de vieux os.

Le marquis de Villarceaux perdit la vie dans les circonstances suivantes : il tomba aux mains des ennemis; ceux qui l'avaient pris, disputant entre eux à qui aurait un prisonnier de cette importance, le tuèrent, ne se pouvant accorder.

Cette victoire a comblé Madame de joie, surtout à cause de la part glorieuse que le duc du Maine y a prise. Aussitôt après la bataille, le prince a écrit à Madame cette lettre qu'elle a lue à ma sœur :

« Je suis ravi, Madame, j'ai vu une bataille, c'est une marque de bonheur, je m'en porte bien, Dieu merci ! Je n'aurais jamais fini si je disais du bien de tous ceux qui le méritent.

« Je me contenterai seulement, Madame, de dire que Vandeuil mériterait bien d'être maréchal de camp et que je m'estimerais bien heureux si le roi pouvait être content des services d'un boiteux, et qu'il trouvât que je commence à mériter toutes ses bontés.

« LE PAUVRE GAMBILLARD. »

N'est-ce pas bien dommage qu'il soit boiteux, un prince si aimable et si vaillant !

Je suis heureuse ce soir, je pense que peut-être nous chanterons un jour un *Te Deum* pour une bataille navale et que, comme du chevalier de Pomponne, j'apprendrai une action d'éclat de Jacques. Combien je serai fière et... mais me voilà encore partie pour le pays des chimères !

12 juillet.

Le Roi est venu entendre les vêpres à Saint-Cyr. Il est ensuite descendu avec Madame dans le jardin. Nous avions grande récréation en l'honneur de la bataille de Fleurus. Les *vertes* se préparaient à nous réciter un proverbe. Le Roi a témoigné le désir d'entendre ce proverbe. Grand émoi des *vertes* qui n'ont jamais récité devant Sa Majesté, Madame les a encouragées avec bonté. Elles ont commencé avec un grand tremblement; mais, peu à peu, elles se sont rassurées et ont très bien dit ce proverbe que je leur ai demandé de me prêter pour le copier :

A BONNE VOLONTÉ POINT DE CHANDELLE

PERSONNAGES :

Monsieur de BELLEGARDE	de Ludres.
AUGUSTE ⎱ ses fils.	⎰ d'Osmond.
ALFRED ⎰	⎱ Le Roy.
Madame de BELLEGARDE	d'Harcourt.
Madame de MIRCOURT, sa sœur . .	de La Lande.
Monsieur de SAINT-CYPRIEN	de Boufflers.
L'ÉPINE, valet d'Auguste	de Damas.
LA RAMÉE, valet d'Alfred	de Marcellange.

SCÈNE PREMIÈRE

MONSIEUR DE BELLEGARDE

Vous voilà grands, mes enfants, il est temps de prendre un parti et de voir ce que vous voulez faire.

AUGUSTE

Si vous me donnez la liberté de dire mon sentiment, je veux aller à la guerre.

ALFRED

J'ai la même intention.

MONSIEUR DE BELLEGARDE

Ce sentiment est digne de notre naissance. Mais je n'ai pas assez de bien pour fournir à tout ce qu'il faudra pour deux.

AUGUSTE

Je me contenterai de tout, et si je n'ai que deux chevaux, je tâcherai de m'en accommoder.

ALFRED

Il est impossible de se passer d'un assez grand équipage.

MONSIEUR DE BELLEGARDE

Surtout quand on est de votre humeur, car vous voudrez sans doute être bel esprit à l'armée comme ici et porter une bibliothèque.

ALFRED

Il y a tant d'heures vides à la guerre, qu'en effet je serai bien aise de lire.

MONSIEUR DE BELLEGARDE

Faites chacun un mémoire de ce que vous voudriez, et je verrai ce que je pourrai faire.

AUGUSTE

Le mien sera bientôt fait.

ALFRED

Il sera difficile que nous n'oubliions bien des choses.

SCÈNE II

LA RAMÉE

Sais-tu la nouvelle? Nos maîtres vont à la guerre.

L'ÉPINE

Et quand ?

LA RAMÉE

Il faut du temps pour s'y préparer.

L'ÉPINE

Je suis tout prêt, moi, je partirais sur l'heure.

LA RAMÉE

Tu es un habile homme. Et de quoi vivras-tu ?

L'ÉPINE

De ce que je vis à peu près ici.

LA RAMÉE

Qui te le donnera ?

L'ÉPINE

Celui qui me le donne ici.

LA RAMÉE

Oui, on mettra partout un pot-au-feu et on sonnera la cloche pour t'appeler à dîner ?

L'ÉPINE

Tout cela ne m'embarrasse point. Je n'ai pas tant d'esprit que vous. Si je n'ai point de potage, je mangerai autre chose.

LA RAMÉE

Comment porteras-tu tes hardes ?

L'ÉPINE

Je n'ai point de hardes.

LA RAMÉE

Est-ce que tu ne changes pas de chemise ?

L'ÉPINE

J'en achèterai une à la première ville, ainsi je n'aurai point la peine de la porter si loin.

LA RAMÉE

Et la robe de chambre ?

L'ÉPINE

Est-ce que des gens comme nous ont des robes de chambre ? Il y a trente ans les gentilshommes de trente mille livres de rentes n'en avaient point.

LA RAMÉE

Ils étaient bien sots de ne pas prendre leurs commodités.

L'ÉPINE

Je ne sais ce que c'est que commodité, mais rien ne m'incommode.

SCÈNE III

MONSIEUR DE BELLEGARDE

Sont-ce vos mémoires ?

AUGUSTE

Oui, Monsieur, voilà le mien.

MONSIEUR DE BELLEGARDE (il lit) :

« Deux chevaux pour moi, un pour mon valet, mon linge ordinaire, dix louis pour joindre le régiment, après quoi je vivrai de ce que le roi me donne. »

ALFRED

Je n'ai mis que ce qui est nécessaire.

MONSIEUR DE BELLEGARDE (il lit) :

« Six chevaux pour ma personne, quatre pour mes valets, deux pour porter ma tente et mes coffres, deux pour ce qu'il faut pour ma cuisine, un pour l'office : il faut de la vaisselle d'argent, de la batterie de cuisine, le linge de table, le linge pour ma personne, quatre ou cinq habits ; quelques confitures ; quelques drogues en cas de maladie ; de la bougie pour moi, de la chandelle pour mes gens (on n'en trouve pas partout de belle) ; du sucre pour six mois ; du lard à larder (il est souvent mauvais) ; de bonne huile, car on ne peut s'en passer ; des olives, des anchois, des truffes, etc., etc. »

ALFRED

J'oublie une infinité de choses, car on ne peut penser à tout.

MONSIEUR DE BELLEGARDE

Il est dommage que vous n'ayez pas eu le temps ! Je vais voir ce que je pourrai faire.

SCÈNE IV

AUGUSTE

Quand voulez-vous que je parte ? Je brûle de servir mon roi et de faire mon métier.

MONSIEUR DE BELLEGARDE

Ne voulez-vous pas attendre votre frère ? Il faut du temps pour rassembler tout ce qu'il demande.

AUGUSTE

Je ferai ce que vous voudrez, quoi qu'il m'en coûte.

MONSIEUR DE BELLEGARDE

Mais n'aurez-vous point de peine à voir un tel équipage à votre cadet pendant que vous n'aurez presque rien ?

AUGUSTE

Je suis incapable d'envie ni de trouver à redire à ce que vous ferez. Je me trouve bien plus heureux que lui de ne point avoir tant de besoins.

MONSIEUR DE BELLEGARDE

Si je suivais mon inclination, vous ne seriez

pas le plus mal traité ! il faut que ceux qui gouvernent ménagent la faiblesse des uns, pendant qu'ils sont charmés du courage des autres.

AUGUSTE

Agissez entre nous avec une entière liberté, je vous en conjure ; je suis plus satisfait de ne vous être point à charge qu'il ne le sera d'avoir tout ce qu'il demande.

SCÈNE V

MADAME DE MIRCOURT

Vous êtes triste, et j'en comprends la raison.

MADAME DE BELLEGARDE

Il est vrai, je ne puis voir partir mes enfants pour un métier si dangereux sans en sentir la douleur.

MADAME DE MIRCOURT

On ne peut vous blâmer ; mais il faut s'armer de courage, et de l'espérance qu'ils seront heureux ; je suis assurée que vous ne les voudriez pas dans une autre profession.

MADAME DE BELLEGARDE

Je l'avoue ; étant née demoiselle, je me sens portée aux inclinations de la noblesse et si je pouvais êtes assurée qu'ils seront heureux, je serais ravie de les voir dans le chemin de la réputation et de la fortune.

SCÈNE VI

MADAME DE BELLEGARDE

Voici des nouvelles de nos enfants, M. de Saint-Cyprien, en revenant, les a rencontrés et ils m'assurent qu'ils se portent bien.

MONSIEUR DE SAINT-CYPRIEN

Je les ai laissés en bonne santé à leur seconde journée.

MADAME DE BELLEGARDE

Oserais-je vous demander comment ils commencent leur voyage ?

MONSIEUR DE SAINT-CYPRIEN

Cela mérite de vous être raconté en détail et je m'en suis instruit avec plaisir.

MADAME DE BELLEGARDE

Vous ne doutez pas que nous ne soyons bien aise de l'entendre.

MONSIEUR DE SAINT-CYPRIEN

Vos enfants partirent ensemble et résolurent d'aller coucher au même lieu. Le cadet envoya un de ses gens retenir la meilleure chambre de l'hôtellerie ; l'aîné ne s'en soucia point. Ils arrivèrent. Le cadet va se débotter et se reposer ; la Ramée entre dans la chambre et n'y trouve pas la moitié de ce qu'il aurait voulu pour souper. L'aîné entre dans une chambre basse pour se chauffer, il apprend que c'est celle de l'hôte et qu'il est malade ; il s'approche de son lit, il le console, il lui rend service et ne l'abandonne pas. L'Epine trouve l'hôtesse bien embarrassée d'un enfant ; il le prend dans ses bras, le fait jouer, manger et l'endort après l'avoir bien bercé ; il va ensuite à l'écurie voir si les chevaux sont bien, et se couche sur un peu de paille, ayant appris que son maître ne veut pas quitter le malade et qu'il a mangé un morceau au chevet de son lit.

Il faut compter le lendemain ; l'hôte et l'hôtesse ne veulent rien prendre d'un homme qui leur a été utile. Cependant, la Ramée est aux prises avec eux, ne voulant pas payer la bonne chère que votre cadet a faite, c'est un vacarme dans toute l'hôtellerie qui rassemble tout le quartier. Vos enfants sortent et entendent des injures et des louanges.

Ils arrivent à la seconde journée et apprennent que le pont qui devait leur faire passer la Seine est rompu et qu'il n'y a pas encore de bac établi, ni même le moindre bateau. Votre aîné a bientôt pris son parti : il passe la rivière à la nage avec son cheval ; l'Epine fait de même ; ils continuent leur voyage et je crois qu'Alfred reviendra sur ses pas, car je l'ai trouvé bien embarrassé.

MONSIEUR DE BELLEGARDE

C'est un grand mérite qu'une bonne volonté.

A bonne volonté point de chandelle.

Le Roi voulut bien témoigner sa satisfaction de la manière dont les *vertes* avaient représenté leur personnage. Il ajouta qu'il nous avait ménagé une surprise qui nous serait sans doute agréable, celle de nous faire entendre les trompettes, timbales, tambours et fifres dont on se sert dans les troupes à la guerre.

Nous rentrâmes pour nous mettre aux fenêtres du premier étage ; la communauté était au rez-de-chaussée. On fit alors venir les musiciens dans la cour royale ; les trompettes et les timbaliers étaient à cheval, les tambours et les joueurs de fifre à pied.

Les musiciens, avec les officiers qui commandaient, firent deux ou trois fois le tour de la cour, gravement, en jouant des airs guerriers : les trompettes à part avec les timbaliers, les tambours et les fifres ensemble. C'était à la fois majestueux et entraînant ; nous étions toutes dans une véritable ivresse guerrière.

Cette journée, si heureuse pour Saint-Cyr, devait finir d'une manière bien cruelle pour la pauvre Beaulieu.

Après le départ des musiciens, nous redescendîmes au jardin, Glapion, Montalembert, Beaulieu et moi, nous nous rapprochâmes du Roi pour le remercier du concert qu'il nous avait fait le plaisir de nous donner.

On venait de remettre un message au roi; c'était la liste des officiers tués à Fleurus. Nous nous tînmes à une distance respectueuse pendant que le roi la lisait à demi-voix à Madame. A un des noms, Madame ne put retenir un cri :

— Ma pauvre Beaulieu ! fit-elle.

Beaulieu entendit et comprit la terrible vérité.

— Mon père est mort ! Oh ! mon Dieu, mon Dieu !...

Et elle se jeta en sanglotant aux genoux du roi qui la releva avec bonté en lui disant :

— Beaulieu, votre père est mort honorablement à mon service ; si mes ministres venaient à l'oublier, priez Madame de m'en faire souvenir.

Après le départ de Sa Majesté, Madame emmena Beaulieu dans sa chambre, lui dit de bonnes paroles pour adoucir son chagrin et l'assura que la bonté du roi ne manquerait ni à elle, ni à sa famille.

Nous sommes toutes très affligées du grand malheur qui frappe notre très aimée compagne. Ah ! ces lendemains de batailles où l'on entend des récits de gloire, mais où l'on entend aussi de terribles nouvelles !... J'ai le cœur serré d'angoisse... Oh ! Jacques, j'ai peur...

30 juillet.

Madame est venue demander en classe pourquoi Montalembert avait renoncé au plain-chant.

— C'est, dit Montalembert, parce que je n'ai pas de voix.

— Eh bien ! dit Madame, nous avons cela de commun. Je n'ai jamais mis un air, mais je n'entends pas un chant que je ne le retienne. Je chante quelquefois quand je suis seule, cela me fait un très grand plaisir, mais je crois que je n'en ferais pas beaucoup aux personnes qui m'entendraient. Dites-moi, mes enfants, apprenez-vous volontiers le plain-chant ?

— Oui, dit ma sœur, et cela leur sera fort utile.

— Assurément, dit Madame, il ne faut jamais négliger d'apprendre quoi que ce soit. Il n'y a rien qu'on n'ait quelquefois besoin de savoir. Dans le temps que j'élevais les Princes, il fallait les tenir cachés : pour cela, nous changions souvent de lieu, et il fallait chaque fois retendre les tapisseries. Je montais à l'échelle moi-même, car je n'avais personne, et je n'osais le faire faire par des nourrices ; ainsi, il me fallait faire un métier que je n'avais assurément jamais appris.

— C'est que vous aviez beaucoup de courage, dit ma sœur.

— Il est vrai, fit Madame.

— C'est ce qui manque à nos demoiselles,

reprit ma sœur. Elles se trouvent fatiguées à la moindre peine. Elles ne sauraient faire un tour de jardin qu'elles ne soient lasses.

— Elles ne devraient pas, dit Madame, être un moment assises. Je leur dirai comme aux *rouges* et aux *vertes* : il est bon de sauter, danser, courir, jouer aux barres, aux quilles et aux autres jeux d'exercices. Cela les fait croître. Il est étonnant, mes enfants, que vous n'aimiez point à agir à votre âge, et que vous soyez partout portées à vous asseoir et à vous appuyer. Mme de Richelieu, à soixante-dix ans, ne s'était jamais appuyée dans son carrosse, et moi qui suis souvent malade, je reste toujours droite comme vous me voyez.

Je suis ravie quand je vous vois frotter et balayer l'église, parce que cela est bon à votre santé. Si on le pouvait, on vous enverrait partout pour vous faire agir, mais on ne peut pas vous élever en courant toujours.

Je ne comprends pas que vous ayez de la peine à balayer, cela vous fortifie. Il ne faut jamais se faire de peine d'aider une servante. Je n'ai vu de suffisance sur cela dans la noblesse qu'à Saint-Cyr. Je comprends bien que les gueux revêtus que je vous dépeins n'osent toucher la terre du bout du doigt, mais les nobles ne trouvent pas ces choses au-dessous d'eux.

— Il me semble, dit ma sœur, que vous avez eu la bonté de me dire que vous appreniez à lire à votre gouvernante.

— Oui assurément, répondit Madame, et rien ne me faisait plus de plaisir. Quand elle ne voulait point, elle me disait que je ne la ferais pas lire, et je faisais toute chose imaginable pour n'en être pas privée ; je suivais toujours cette femme de chambre et je passais quelquefois la journée à tamiser dans une huche. On me montait sur une chaise pour le pouvoir faire plus commodément. C'est un métier fort lassant ; cependant je le faisais avec plaisir pour obliger ma gouvernante.

Depuis, Dieu m'a élevée à une haute fortune et m'a donné de grands biens, mais je n'ai jamais aimé l'argent que pour en faire part ; je ne le mets pas à avoir de belles jupes, vous le voyez par les habits que je porte, mais je le mets à faire plaisir aux autres. Vous savez que l'une des maximes que je vous ai données comme modèle d'écriture est celle-ci :

Le plus grand de tous les plaisirs est d'en pouvoir faire.

SEPTEMBRE 1690

30 septembre.

Comme je les néglige ces pauvres *Souvenirs*, commencés avec tant de joie et d'ardeur ! Les fièvres m'ont reprise en juillet. Mais cela ne prouve pas que ce n'est pas de chagrin que j'ai été malade l'année dernière. J'avais eu tant de peine du départ de Jacques ! Et puis Saint-Cyr est bien malsain. Madame avait combattu les plans de M. Mansard en qui elle n'avait pas confiance : « On découvre tous les jours, disait-elle à ma sœur, combien ce grand homme a trompé le roi. Il ne m'a jamais trompée. » Au lieu de bâtir Saint-Cyr sur le penchant du coteau qui regarde le val de Gallie, coteau boisé où il aurait été en un endroit non moins solitaire, en plus belle vue et sur un terrain sec et élevé, il le bâtit sur l'emplacement de l'ancien château, au pied même du coteau, dans un fond marécageux où les eaux minent les fondations et forcent à des réparations continuelles. Cela est fort malsain ; aussi l'infirmerie est-elle toujours encombrée de malades.

Heureusement je suis plus forte cette année, je n'ai pas été obligée d'aller à l'infirmerie ; mais je me traîne, je n'ai de goût à rien et je néglige ces *Souvenirs*.

Ce matin je fus rejoindre Madelon à la sacristie où j'étais de semaine.

— Madelon, lui demandai-je, est-ce que tu n'écris plus ton journal ?

— Non, fit-elle.

Des larmes roulèrent sur ses joues. Après un silence, elle reprit :

— Vois-tu, Margot, j'ai dû l'interrompre. Ma vie n'est plus qu'une longue lutte contre un souvenir trop cher. Je ne veux pas écrire ces preuves d'une faiblesse que j'ai honte de l'avouer.

— Tu sais pourtant bien que je n'ai, moi, qu'une pauvre âme pas du tout honteuse de sa faiblesse.

— C'est que, comme moi, tu n'as pas causé d'irréparables malheurs. Je ne puis me pardonner d'avoir inspiré cette folle passion qui a fait perdre à ce malheureux jeune homme son pays, sa famille et peut-être son âme ; car, pour me montrer combien il était peu digne de moi, mon confesseur me dit qu'il s'est jeté dans une vie de désordre et a changé de religion. Et telle est ma misère que rien de tout cela ne peut m'aider à chasser son souvenir de mon cœur.

— Mais, Madelon, tu es innocente de tout ce que ce page a fait ou peut faire de mal.

— Eh ! qu'importe que j'en sois innocente ; je n'en suis pas moins cause de son malheur et peut-être de sa perte, à moins que Dieu n'ait pour agréable un sacrifice dont je ne veux plus retarder l'accomplissement.

— Quoi, tu voudrais déjà ?...

— Oui, j'ai fait part à Madame de mon désir de me consacrer à Dieu et de recevoir de ses chères mains maternelles l'habit des religieuses de Saint-Louis, et voici sa réponse :

Dans cette lettre, Madame dit à Glapion qu'elle est heureuse « de lui voir prendre un parti qui assurait le salut de son âme et le bonheur de sa vie ».

Ce sera, je crois, un bonheur bien trempé de larmes.

Madame prévient aussi Madelon que la voie dans laquelle elle veut s'engager lui sera d'abord dure et pénible.

« Vous avez réussi, ma chère fille, à tout ce que vous avez voulu ; vous avez été accoutumée aux acclamations, vous avez plu au monde, vous avez toujours aimé qu'il fût question de vous. Voyez, ma chère fille, d'où vous avez à revenir et le chemin qu'il vous faut faire. Il faut perdre cette bonne opinion de vous-même, mal fondée ; il faut renoncer au plaisir d'aimer et d'être aimée, il faut vouloir cacher tout ce que vous avez de talent jusqu'à ce que l'obéissance vous oblige de vous en servir ; il faut vous taire, vous oublier, devenir simple, sans retour sur soi, sans curiosité, sans raisonnements, sans éloquence, enfin il faut mener une vie humble, cachée, mortifiée, laborieuse. »

— Ah ! Madelon, comme la perspective d'une telle vie me semblerait effrayante !

— Qu'est-ce que tout cela, auprès du martyre de cette lutte incessante contre un trop cher souvenir...

Et elle pleura...

NOVEMBRE

10 novembre.

Madame a fait aux *vertes* une instruction intéressante sur *l'avantage d'être élevée un peu durement.*

Madame ayant demandé à d'Osmond de lui rendre compte de la dernière instruction qu'elle leur avait faite, d'Osmond le fit si bien que Madame en fut très contente et lui dit :

— Vous seriez bien criminelle, ma chère fille, si vous ne profitiez de tout ce que vous savez; il y a plaisir à vous instruire puisque vous retenez si bien tout ce que l'on vous dit; il n'y a plus qu'à le mettre en pratique.

D'Osmond ayant continué, Madame dit en riant :

— Cela est admirable, mais tu l'embellis, d'Osmond, tu y mets du tien; il n'est pas possible que j'aie dit de si bonnes choses.

Et toute la classe de rire.

16 novembre.

Madame nous est venue voir pendant la couture. Plus désireuse que jamais de s'avancer dans ses bonnes grâces, Mornay me passa avec une apparence de mystère, destinée plutôt à éveiller l'attention qu'à la détourner, un papier contenant des vers.

Naturellement Madame demanda à voir le mystérieux papier. Après avoir joué à merveille l'embarras et la confusion, Mornay, intérieurement ravie, donna à Madame le petit papier qui contenait ceci : « J'ai copié pour toi ces admirables vers de notre vénérée Madame. »

Afin que la petite comédie de Mornay ne fût pas tout à fait perdue, je lui ai demandé ensuite de m'écrire ces vers à ton intention. D'abord, ceux-ci :

LA GEÔLIÈRE

  Ah ! l'ingrat, le maudit métier
  Que le métier de geôlière !
  Il faut être barbare et fière,
Il faut faire enrager un pauvre prisonnier.
  Non, ce n'est pas là ma manière.
  Tous ceux qui sont dans mes liens
  D'eux-mêmes sont venus s'y rendre,
  Je n'ai pas cherché les moyens
  De leur plaire ou de les surprendre.
Prison ou liberté, je leur donne à choisir.
  Je leur dis donc, sans être vaine,
  Je prends mes captifs sans plaisir,
  Et je sais les garder sans peine.

Puis cette épitaphe :

Ci-gît Armand : l'amour, pour faire pièce aux belles,
Lui donna son souris, son carquois et ses ailes.

Enfin ce badinage sur les mœurs du temps :

Père et mère mépriseras, et les verras très rarement ;
De ton mari tu railleras, et sur tout indifféremment ;
La nuit et le jour passeras à jouer ton bien follement ;
Amis et parents livreras pour montrer ton discernement ;
Aucun devoir ne rempliras qu'en cas de divertissement ;
Tes affaires tu ruineras sans y réfléchir un moment ;
Les dimanches messe ouïras pour montrer ton ajustement ;
Quand à la table tu seras tu t'y tiendras très longuement ;
Le jour et la nuit tu boiras de tous vins généralement ;
Jamais à Dieu ne penseras, et ne le craindras nullement ;
Réflexions tu ne feras de peur de penser tristement.

— Ah ! dit Madame, je crains fort que ces derniers vers ne soient de trop fréquente application. Quant aux premiers, ils sont du temps où j'étais assidue à l'hôtel d'Albret. L'on y conservait les anciennes traditions de l'hôtel de Rambouillet. On aimait les lectures, les vers, les petits jeux d'esprit. On y proposa un jour dans un de ces jeux de se comparer à des fleurs, ou à des métiers, ou à un objet quelconque. L'abbé Testu, que j'avais comparé à une enseigne à cause de sa manie de nouvelliste, m'avait de son côté comparé à une geôlière ; j'avais fait mon portrait dans ces vers qui sont un simple badinage et que l'on ne peut, entendez-vous, Mornay, déclarer admirables sans manquer de jugement.

Et Madame déchira les vers, sans nul souci de l'air désespéré que crut devoir prendre Mornay.

— Madame, dit Montalembert, nous voudrions bien savoir l'histoire de l'épitaphe.

— C'est pour le duc de Richelieu, dit Madame, que je l'avais composée. Vous lui ressemblez un peu, d'Abancourt, dit-elle avec malice, en ce sens que, comme lui, vous passez facilement d'une amitié à l'autre.

Les amis du duc s'apercevaient de la place qu'ils avaient dans son cœur par celles que leurs portraits occupaient dans sa chambre. Au commencement d'une connaissance ou d'une idée d'amitié, il faisait aussitôt peindre ceux qu'il croyait aimer et les mettait au chevet de son lit. Peu à peu ces portraits cédaient leur place à d'autres, reculaient jusqu'à la porte, gagnaient l'antichambre puis le grenier, et enfin il n'en était plus question.

Cette histoire nous fit rire, mais Madame poursuivit :

— Voyons, d'Abancourt, de qui portez-vous un bout de ruban dans votre médaillon ?

D'Abancourt le nez dans son ouvrage tirait l'aiguille avec ardeur.

— C'est de Glapion, dit Montalembert, elle lui a demandé un bout de son ruban noir pour remplacer le bout de ruban bleu qu'elle avait coupé à mon chou de corsage afin de lui faire passagèrement les honneurs de son médaillon.

D'Abancourt prit le parti de rire ; mais c'est vrai qu'elle est inconstante : je ne puis comprendre cela, quand on a une amie, on s'y tient. Je n'ai pas de ruban de Glapion, moi, ce ne serait pas assez ; mais j'ai des cheveux, de ses fins cheveux blonds et jamais, jamais il n'y aura dans mon médaillon d'autres cheveux que ceux de ma Madelon chérie, à moins, bien entendu, que Jacques... Sa dernière lettre à ma sœur était si bonne !

25 novembre.

Madame, voulant éprouver sérieusement la vocation de Glapion, lui a dit qu'elle ne lui permettrait pas d'entrer au noviciat avant deux ans. Cela m'eût paru à moi deux années de grâce et m'eût fait grand plaisir. Madelon, elle, est aux regrets de voir son sacrifice ainsi retardé. Il lui semble qu'alors seulement qu'elle sera morte au monde, elle retrouvera la paix. Pauvre Madelon, croit-elle donc que son cœur battra moins fort sous sa robe de religieuse ?

Naturellement, nous ne nous quittons pas pendant les récréations. Mais, comme les amitiés particulières sont défendues, Montalembert se joint le plus ordinairement à nous. Elle est si drôle qu'elle arrive à nous faire rire malgré nos peines. Renard ne cesse de tourner autour de nous ; mais comme sa compagnie nous est parfaitement désagréable, nous lui faisons un accueil plutôt froid. Nous riions de bon cœur, hier, d'une folie de Montalembert, lorsque Renard, sans y être d'aucune façon invitée, se vint joindre à nous. Rires et causeries de cesser aussitôt.

— Vous ne dites plus rien ? fit aigrement Renard. Je vois bien que c'est ma présence qui vous gêne !

— Vous vous trompez, Renard, fit gravement Montalembert, elle nous pénètre d'une telle joie, votre présence, que ne trouvant pas de mots pour exprimer cette joie, nous en sommes réduites au silence.

Renard, piquée, s'en fut seule bouder dans un coin, tout près de l'endroit où Madame causait avec ma sœur. Ce qu'elle souhaitait arriva.

— Pourquoi, Renard, dit Madame en montrant notre groupe, n'allez-vous pas jouer avec ces demoiselles ?

— Parce que, dit Renard, ces demoiselles sont trop particulièrement amies pour me souffrir dans leur compagnie.

La méchanceté de Renard n'a pas été perdue. Madame nous est venue ce matin faire l'instruction. Nous ne nous en plaignons pas trop malgré le blâme qu'il y avait pour nous, parce que cette instruction a été fort intéressante :

— J'ai dessein aujourd'hui, mes enfants, de vous parler sur l'amitié. Vous ne pouvez être trop amies ensemble et avoir trop d'amitié les unes pour les autres. Mais il faut, pendant que vous êtes ici, que cette amitié soit générale et qu'elle n'exclue aucune de vos compagnes ; car les amitiés particulières, qui sont très permises dans le monde, où il est fort libre et même convenable de se faire une société de gens choisis et de personnes de mérite, ne le sont pas dans les communautés où elles blessent le cœur de celles qui se sentent moins aimées et comme abandonnées.

Ici Montalembert me lança un regard malicieux qui ne prouvait pas bien grand repentir des blessures qu'elle a si souvent faites au cœur de la très peu aimée Renard.

Madame poursuivit :

— Votre règle est tournée de façon que vous ne sauriez ainsi vous associer plusieurs ensemble. Il faut vous accommoder avec celles avec qui vous vous trouvez et les traiter aussi honnêtement les unes que les autres, quoiqu'il vous soit permis de sentir plus de goût, d'estime et d'amitié pour quelques-unes que pour les autres. Mais je vous exhorte fort à prendre la bonne habitude de ne pas laisser paraître ces inclinations particulières pour ne point troubler la charité et l'union parfaite qui doit être égale entre vous toutes.

DÉCEMBRE 1690

Grande récréation ; Saint-Cyr est dans la joie et je suis, moi, dans la plus extrême désolation. Cette fête est donnée en l'honneur de l'entrée de ma sœur au noviciat des dames de Saint-Louis.

Tu sais avec quelle ardeur elle embrassa les idées de Mme Guyon, ses élans, ses mouvements subits, ses renoncements, ses abandons, toute cette poésie mystique, si bien faite pour l'imagination ardente, pour le cœur agité de ma sœur. Pendant le séjour que fit notre cousine à Saint-Cyr, ma sœur se prit d'une ardente tendresse pour celle qu'elle appelait la sainte persécutée pour la justice. Leur séparation fut le commencement d'un très fréquent commerce de lettres qui gagna entièrement ma sœur à ce que j'avais bien raison d'appeler, dès le début, la folie du quiétisme.

Je ne sais comment avec son esprit si vif et son intelligence si ouverte ma sœur peut donner dans de telles rêveries. Comme on connaît son faible, on lui avait fait parvenir l'autre jour des vers satiriques sur Mme Guyon et cette paraphrase du *Pater* à l'usage des quiétistes. Je la trouvai pleurant d'indignation sur cette lecture. Je m'emparai du papier pour le jeter au feu, mais je pus substituer un autre papier à celui-là sans que, dans son trouble, ma sœur s'en aperçût. Je te copie d'abord les vers sur Mme Guyon :

> Ce modèle parfait, ce Paraclet nouveau,
> Donne du pur amour un spectacle bien beau,
> Quand tout à coup, sentant un gonflement de grâce,
> Elle crève en sa peau si l'on ne la délace.
> La grâce du dedans passant jusqu'au dehors,
> Du bassin de l'esprit regorge dans le corps.
> Elle en déchirerait jusqu'à son corps de jupe
> Si, dans le même instant, quelque dévote dupe

Ne faisait prendre l'air à cet amour sacré ;
Mais, du lacet enfin se voyant délivré,
Il se répand au cœur de toute l'assistance,
Et chacun le reçoit dans un profond silence.

Puis, la paraphrase du *Pater* :

Adveniat regnum tuum	Votre royaume a des appas Pour des âmes intéressées : Les nôtres d'un motif si bas Se sont enfin débarrassées. S'il vient il nous fera plaisir, Mais Dieu nous garde du désir !
Panem nostrum quotidianum da nobis hodie	Seigneur, notre pain quotidien Ne peut être que votre grâce. Donnez-le-moi, je le veux bien ; Ne le donnez pas, je m'en passe. Que je l'aie ou je ne l'aie pas, Je suis content dans les deux cas.
Et ne nos inducas in tentationem	Seigneur, si votre volonté Me met à ces grandes épreuves Qui désespèrent le tenté, Mon cœur, pour vous donner des preuves De mon humble soumission, Consent à la tentation.

Tout cela me paraîtrait fort plaisant, si je n'avais le chagrin de penser que c'est à toutes ces folles imaginations qu'est due la vocation de ma sœur.

Elle recevait aussi de M. l'abbé de Fénelon, qui est son directeur, et qu'elle aime « très tendrement en Jésus-Christ », des manuscrits sur la vie intérieure si abstraits et si obscurs que M. de Fénelon lui-même, les jugeant dangereux pour des lecteurs vulgaires, lui recommandait de ne les communiquer à personne. Sa parole pleine d'onction ayant tout pouvoir sur elle, il l'exhorta à chercher un apaisement à ses agitations et à ses désirs du monde dans la vie religieuse, l'assurant qu'elle ne trouverait le calme que lorsqu'elle serait dans le fond de cet abîme où l'on commence à prendre pied.

Dès les premiers mots que ma sœur lui dit de ses intentions, Madame témoigna un empressement extrême de la voir s'engager dans l'institut de Saint-Louis.

Ma sœur fut d'abord flattée de cet empressement. Mais quand il lui fallut prendre une résolution, elle retrouva ses doutes, ses peines, ses répugnances et elle ne les cacha pas à M. l'abbé de Fénelon, à M. de Chartres et même à MM. les abbés Gobelin, Tiberge et Brisacier. Elle leur exposa son inquiétude naturelle qui lui faisait craindre les suites d'un engagement perpétuel dans un monastère, leur dit qu'un établissement libre dans le monde lui paraissait bien plus convenable à sa disposition d'esprit et qu'elle se croyait en état de l'espérer.

Enfin, pressée par Madame, ma sœur consentit à se soumettre à ce qui serait décidé par les cinq prêtres que je viens de nommer. Mais elle chargea M. l'abbé de Fénelon de bien leur expli-

16.

quer ses dispositions intérieures, ne doutant pas que, quand elles seraient connues, on ne lui parlerait plus d'aucun engagement.

Avant-hier donc; ces messieurs s'assemblèrent à Saint-Cyr, et tinrent longuement conseil, pendant que ma sœur était à genoux devant le Saint-Sacrement, dans une étrange angoisse.

Quand elle parut devant eux, ils lui déclarèrent que « ces difficultés ne venaient que d'une conscience trop timide dont il était bon qu'elle fût affranchie, que cette disposition ne la rendrait que plus fidèle à ses devoirs et ne devait pas l'empêcher de faire des vœux; enfin que Dieu l'appelait à le servir comme dame de Saint-Louis ».

En apprenant cette sentence, et bien qu'elle n'eût à faire que des vœux simples, ma sœur pensa mourir de douleur et s'enfuit dans sa chambre où je la trouvai pleurant avec un véritable désespoir.

Transportée de joie de ce que la décision était unanime et conforme à ses désirs, Madame écrivit à ma sœur ce billet : « Je remercie Dieu de tout mon cœur de ce qu'il fait pour vous et pour nous; vous allez donc trouver la paix. »

Hélas! je crains bien qu'elle ne la trouve pas de sitôt, cette paix qu'on veut lui procurer par de si singuliers moyens.

Pressée par moi de réfléchir encore, ma sœur ne se rendit pas à ce qui avait été résolu. Ne pouvant comprendre sur quel fondement ces messieurs avaient appuyé leur décision, elle vit

M. l'abbé de Fénelon, lui dit en quelle angoisse
et en quel trouble elle se trouvait et le soupçon
qu'elle avait qu'on eût plus déféré aux désirs de
Madame qu'à ses dispositions intérieures. M. de
Fénelon lui répondit :

« La vocation ne se décide pas moins par la
décision d'autrui que par notre propre attrait.
Quand Dieu ne donne rien au dedans pour attirer,
il donne au dehors une autorité qui décide. De
plus, il n'est pas vrai que vous n'ayez aucun attrait
intérieur, car vous avez senti celui de consulter
et de vous soumettre. »

Brisée par cette lutte, ma sœur se soumet à ces
étranges raisons et demande le noviciat. Madame,
jugeant que cette entrée au noviciat était un événement pour Saint-Cyr, a donné grande récréation
aux élèves. La maison est donc en fête, mais
celle qui est la cause de cette allégresse est dans
un état de désolation à faire pitié. Moi, de voir
ainsi ma sœur entrer en religion, il me semble
que je suis plus seule au monde, plus abandon-
née, qu'il ne me reste d'autre ressource que celle
de suivre son exemple ; mais, comme ma sœur, ce
ne sera pas sans un déchirement de tout mon être
et sans verser de bien amères larmes.

21 décembre.

Ma sœur semble avoir pris son parti de la vocation qu'elle s'est laissé imposer. Elle a repris

son air enjoué et gracieux, et a quitté sans regret son appartement particulier pour une des petites cellules des dames. Au reste, cette cellule est fort propre. Elle est meublée d'un bois de lit à colonnes garni d'une paillasse et d'un très bon matelas, d'un traversin de plumes, de deux oreillers, de deux belles et bonnes couvertures de laine et d'un tour de lit d'une excellente serge de mouy violette.

Dans un coin il y a un bureau de noyer qui s'ouvre en armoire et qui est fort commode pour serrer les hardes et le linge ; il sert aussi de table. Les chaises (il y en a trois) sont à dos, d'un bois de noyer, tournées et bien façonnées. Sur le prie-Dieu est un crucifix très bien travaillé. Sur le bureau se trouvent des livres de piété et tout ce qu'il faut pour écrire.

Être en pleine jeunesse et penser que la vie tout entière n'aura d'autre horizon que les murs de cette étroite cellule ! Je crains bien que la résignation de ma sœur ne soit qu'apparente et qu'elle n'ait encore bien à souffrir de ses doutes et de ses incertitudes.

M. Racine a terminé sa nouvelle pièce *Athalie*. Madame est bien résolue à ne plus permettre les brillantes représentations des années précédentes. Elle consent cependant à nous laisser apprendre *Athalie*, mais à condition que nous la jouerons en particulier seulement, et sans nul apparat.

M. Racine nous a distribué les rôles. Voici la liste des personnages :

JOAS, roi de *Juda*, fils d'*Ochosias* . . .	Suzon.
ATHALIE, veuve de *Joram*, aïeule de *Joas*.	Saint-Osmane.
JOAD, grand prêtre	Clarion.
JOSABETH, tante de *Joas*, femme du grand prêtre.	Moi.
ZACHARIE, fils de *Joad* et de Josabeth .	De la Mure.
SALOMITH, sœur de *Zacharie*.	Renard.
ABNER, un des principaux officiers des rois de Juda.	Lastic.
MATHAN, prêtre apostat, sacrificateur de Baal	D'Abancourt.
NABAL, confident de Mathan.	Mornay.

Chabot, de Champigny et de la Haye doivent conduire les chœurs.

De plus, toutes les *bleues* et les *jaunes* figureront les chefs des prêtres et des lévites, la suite d'*Athalie*, la troupe des prêtres et des lévites, la nourrice de *Joas*, le chœur de jeunes filles de la tribu de *Lévy*.

La scène est dans le temple de Jérusalem, dans un vestibule de l'appartement du grand-prêtre.

La récréation qui a suivi cette distribution des rôles a été naturellement des plus animées. Suzon était dans une joie folle. Elle sautait en criant :

— C'est moi Joas, c'est moi Joas !

Elle me fit promettre de lui apprendre à dire son rôle et s'en fut toute fière faire part de sa gloire aux *rouges* éblouies.

Clapion n'a accepté son rôle que tout à fait contre son gré. Pauvre amie, son autre rôle de *Mardochée* lui a coûté tant de larmes et a si tristement décidé de sa vie tout entière !

Saint-Osmane est enchantée d'être la reine, mais elle déclare qu'elle ne veut pas du tout paraître en vieille reine.

Moi, j'aime bien mon rôle, mais je n'ai plus mon bel enthousiasme des représentations d'*Esther*.

La Mure est partagée entre la joie de jouer et la peine d'apprendre un rôle que sa paresse trouve très long, encore qu'il soit des plus courts.

— Cette fois au moins j'ai un rôle, dit Renard, (qui a bien dix vers en tout) sans compter, poursuivit-elle, que c'est moi qui conduis le chœur.

Elle parle de tout régler, de tout ordonner, comme si toute la pièce tournait autour de son rôle insignifiant.

— Il me semble, dit d'Abancourt, qu'après la façon dont j'ai joué *Aman* on aurait bien pu me donner un autre rôle que ce rôle de traître.

— Précisément, dit Montalembert, qui a sur le cœur la substitution du ruban noir de Clapion à son ruban bleu dans le médaillon de d'Abancourt, précisément, vous avez si bien montré les qualités de l'emploi qu'il serait dommage de ne vous pas réserver ces rôles.

D'Abancourt fit mine de se fâcher ; puis, bonne fille, elle se mit à rire, contente du reste de la longueur de son rôle.

A ce moment la petite brebis (nous appelons ainsi la petite Boulainvilliers depuis la fameuse représentation de l'*Esther* en trois scènes et quatre animaux) vint vers nous tout en larmes. Je la pris sur mes genoux et l'interrogeai doucement.

— Ze ne veux pas, ze ne veux pas que Suzon zoue *Zoas*, disait-elle.

— Et pourquoi, petite brebis ?

— Parce que la méçante reine *Athalie* veut tuer le petit *Zoas*, et moi ze ne le veux pas, puisque *Zoas* est Suzon.

Nous rîmes de sa frayeur et l'assurâmes que la méchante reine ne ferait pas de mal à sa chère Suzon.

— C'est moi qui suis la reine, dit Saint-Osmane. Me crois-tu donc si méchante ?

— Ah ! fit la petite rassurée, ze n'ai plus peur, tu n'es pas méçante puisque tu es si zolie, si zolie !...

— C'est un raisonnement de petite brebis, dit Saint-Osmane flattée du compliment naïf et sincère.

N'est-elle vraiment pas bien mignonne cette petite brebis?

29 décembre.

Grand émoi dans notre classe *bleue*. Chabot a encore fait des siennes. C'était hier son tour d'être d'office à l'infirmerie. Elle ne parut pas s'en inquiéter et vint en classe comme à l'ordinaire.

— Pourquoi n'êtes-vous pas à l'infirmerie, lui demanda Mᵐᵉ de Labarre qui supplée ma sœur dans notre classe.

— Parce qu'il y a ce soir répétition des chœurs d'*Athalie*.

— Je ne vois pas le rapport...

— Il est pourtant bien évident. A mon avis, le balayage et le chant doivent s'exclure l'un l'autre. Si je vais à l'infirmerie ce matin, je ne chanterai pas ce soir.

— Eh bien! l'on se passera de vous, allez remplir votre office.

— Non, décidément, Madame m'a choisie pour diriger le chœur, je ne saurais chanter après m'être fatiguée à balayer, je n'irai donc pas à l'infirmerie.

— Soit, dit Mᵐᵉ de Labarre, nous réglerons cela plus tard, et elle ne s'occupa plus de Chabot.

Chabot triomphait.

— Je savais bien, dit-elle en récréation, que je l'emporterais. Mᵐᵉ de Labarre ne se serait pas exposée à faire manquer par mon absence les chœurs d'*Athalie*, au risque de mécontenter Madame. Me voilà donc débarrassée de cette sotte corvée du balayage.

— M'est avis, Chabot, dit Montalembert, que vous chantez trop vite victoire. Le calme de Mᵐᵉ de Labarre ne me dit rien qui vaille. Vos adieux au balai pourraient bien n'être pas éternels comme vous paraissez l'espérer.

Montalembert avait raison.

Ce matin, Chabot m'est venue trouver tout en larmes.

— Lisez, me dit-elle, cette lettre que je reçois de Madame.

Voici ce que Madame lui écrivait :

« Il m'est revenu une désobéissance que vous avez faite à Mᵐᵉ de Labarre et j'ai arrêté la punition qu'on voulait vous faire. Comment pouvez-vous croire qu'on souffrira de pareilles révoltes ? Y a-t-il quelque exception là-dessus ? Est-ce que vous vous croyez nécessaire parce que vous avez la voix belle, et pouvez-vous me connaître et penser que la représentation d'*Athalie* l'emportera sur les règlements que nous voulons établir à Saint-Cyr ? Non certainement, et vous sortirez de la maison si j'entends encore parler de vous. Soumettez-vous si vous voulez y demeurer, et si vous avez envie d'en sortir il vous sera plus honorable que ce soit de concert avec nous que de vous faire chasser.

« Vous êtes lâche et froide pour Dieu, c'est ce qui vous fait tomber en toutes sortes de fautes. Songez, je vous prie, à ce que vous pouvez espérer de vous au milieu des occasions que vous aurez de vous perdre, puisque vous ne pouvez le servir étant environnée de bon exemple et instruite du matin au soir. Vous devenez grande ; il est temps de faire de sérieuses réflexions.

« C'est à Dieu, ma chère enfant, à toucher votre

cœur, mais c'est à nous à régler votre conduite. Vous serez bien malheureuse si elle n'est bonne que dans l'extérieur.

« J'ai voulu vous donner cet avis avant de vous punir et j'espère que vous me donnerez la joie d'en profiter ; je vous le demande de tout mon cœur, car je serais aussi fâchée d'avoir à vous traiter avec rigueur que je suis résolue d'établir dans la classe une obéissance entière à tous les règlements. »

— Certes, encore que vous l'ayez mérité, dis-je à Chabot, il est dur de recevoir une pareille lettre.

— Je vous en prie, dit-elle, parlez pour moi à Mme de la Maisonfort, Madame ne sait rien lui refuser, peut-être me fera-t-elle rentrer en grâce.

La voyant très désolée, j'ai promis de parler à ma sœur en sa faveur. J'espère donc qu'on lui rendra le balai après lequel elle soupire, après l'avoir tant dédaigné.

QUATRIÈME PARTIE
1691

JANVIER 1691

3 janvier.

C'est au livre des *Rois* que M. Racine a emprunté le sujet d'*Athalie*.

Athalie, fille d'*Achab* et de *Jésabel* qui régnaient dans Israël, a épousé un roi de *Juda, Joram.* Elle a vu périr son mari, puis son fils Ochosias ; dès lors, entre elle et ce trône où elle avait l'ambition de monter, il n'y a plus que ses petits-fils, enfants en bas âge. Elle les fait mettre à mort ; elle règne. Mais un de ses petits-fils a été sauvé des mains de ceux qui le devaient faire périr ; il a été élevé secrètement, il reparaît armé de ses droits. Le sujet de la pièce est la lutte du petit-fils dépossédé et de la grand'mère usurpatrice.

L'intérêt de cette pièce est bien vif pour nous qui venons de voir de si près un exemple de ces royales querelles. Le roi Jacques II n'a-t-il pas été dépouillé par son gendre ? De plus, dans *Athalie*, comme de nos jours en Angleterre, la question politique et domestique se complique d'une question religieuse. *Athalie* a introduit dans *Juda* l'idolâtrie, à Jéhovah elle a opposé Baal. La maison de *Juda* représente seule la vraie descendance de *David;* or, de la descendance de David doit sortir le *Messie*. Si donc *Athalie* achève son criminel dessein, c'en est fait des promesses de Dieu, c'en est fait du *Messie* attendu pour le salut du monde.

De même les Stuarts catholiques, combattant Guillaume d'Orange protestant, ne peuvent-ils pas dire comme le grand-prêtre *Joad* que Dieu combat pour eux?

On nous prévint l'autre jour que nous jouerions *Athalie* pour la première fois à Versailles dans l'appartement de Madame. Cette nouvelle nous combla de joie et adoucit un peu notre déception d'avoir à jouer sans beaux habits, tout simplement dans nos costumes de *bleues*.

Hier vers deux heures, les carrosses du Roi nous sont venus chercher pour nous conduire à Versailles. Nos maîtresses ne nous pouvant accompagner, nous étions sous la garde de dames de la cour pieuses et âgées. J'étais du carrosse de Mme la marquise de Dangeau.

Celles de nos compagnes qui restaient à Saint-Cyr, loin de montrer de la jalousie de ne pouvoir venir avec nous, se sont dépouillées de tout ce qu'elles avaient de mieux en perles, rubans, ceintures, gants, afin que nous pussions paraître devant le roi à notre avantage. Si l'on eût cru Renard, on lui eût réservé les plus belles choses, afin, disait-elle, qu'elle ne fût pas confondue avec les simples filles du chœur.

Comme nous étions très serrées dans le carrosse, je pris Suzon sur mes genoux. Cela rassura la petite brebis, reprise par les craintes de « la méchante reine » en apprenant que nous emmenions Suzon à Versailles.

Suzon, l'air ravi et important, disait aux *rouges* :

— J'ai un peu peur tout de même, mais c'est toujours comme ça, vous savez, quand on fait ses débuts à la cour.

Les *rouges* l'accablaient de recommandations :

— N'oublie pas les révérences, disait sa sœur, il ne faut pas qu'on puisse dire que les *rouges* ne savent pas se tenir à la cour.

— Tu regarderas bien partout où tu passeras pour me dire si c'est bien, bien beau la cour, disait Loras.

La petite brebis voulut monter dans le carrosse pour embrasser Suzon. Elle lui dit à l'oreille :

— Je voudrais bien goûter les bonbons de la cour ; tu m'en rapporteras, dis ?

— Oui, fit Suzon. Je garderai pour les *rouges* la moitié de tout ce qu'on me donnera. Et vous savez, dit-elle en se penchant à la portière, n'ayez pas peur, je n'oublierai pas que je représente les *rouges* à la cour.

Le cœur nous battait à toutes bien fort en descendant dans la cour d'honneur, en traversant les galeries et les riches appartements du château. Je ne sais si Suzon regardait bien pour pouvoir tout décrire aux *rouges*; moi je ne voyais que comme dans un rêve ces dorures, ces glaces, toutes ces splendeurs. M'y voilà donc? pensais-je. J'y suis enfin dans cette cour où j'ai tant souhaité vivre et briller. Mes rêves se réaliseront-ils? (mes chimères, dirait ma sœur) ou bien n'y dois-je figurer que dans cette unique représentation, sous ce nom d'emprunt de Josabeth?

Nous avons joué devant le Roi, Mgr le Dauphin, Madame et M. Despréaux; le Roi a témoigné être fort satisfait de la représentation. Madame dit qu'*Athalie* « était la plus belle chose qu'on eût jamais vue ».

Le Roi nous gracieusa fort et eut la bonté de dire à Madame :

— La petite chanoinesse est bien touchante dans son rôle.

Il daigna prendre Suzon sur ses genoux et lui dit qu'elle avait fort bien joué.

— Ah! repartit Suzon, sans s'étonner, les *rouges* seront bien contentes d'apprendre que Votre Majesté a été satisfaite.

On nous donna ensuite des gâteaux et du vin d'Espagne. Suzon eut une belle boîte de dragées et se réjouit d'en pouvoir faire part aux *rouges*.

Au retour, nous avons été entourées, par les *rouges*, les *vertes*, les *jaunes*, les *bleues*, qui nous recevaient au sortir des carrosses et, sans nous laisser le temps de respirer, nous accablaient de questions.

— Le Roi a-t-il été content ?
— Et Madame ?
— Avez-vous bien joué ?
— Était-ce beau ?

Nous ne savions à qui entendre.

Suzon surtout fut fêtée par les *rouges* et sa distribution de bonbons fut accueillie par les cris d'enthousiasme les plus aigus qui aient jamais déchiré nos oreilles.

La petite brebis promenait délicatement le fin bout de sa langue rose sur une grosse dragée et disait avec conviction :

— C'est bon, les bonbons de la cour !

FÉVRIER 1691

8 février.

Nous avons joué *Athalie* devant le Roi, Monseigneur, Madame et quelques personnes. M. Racine indisposé n'a pu assister à la représentation. Nul apparat : la classe *bleue* pour théâtre, point d'autres costumes que nos simples costumes de *bleues*.

Saint-Osmane a fait le personnage d'*Athalie* d'une façon tout à fait saisissante. Elle a su mettre je ne sais quoi de vague et de troublant dans le récit du songe :

> C'était pendant l'horreur d'une profonde nuit.

Elle ne dit point ce vers d'une voix éclatante, mais bien sur un ton bas, recueilli, se parlant presque à elle-même, encore sous le coup de l'émotion qu'elle a ressentie, perdue dans l'horreur des souvenirs qu'elle évoque.

> Tremble, m'a-t-elle dit, fille digne de moi.
> Le cruel Dieu des Juifs l'emporte aussi sur toi.
> Je te plains de tomber dans ses mains redoutables,
> Ma fille...

Elle a dit ces vers de manière à nous secouer toutes d'un grand frisson tragique.

Glapion a merveilleusement dit ce rôle du grand-prêtre, un peu écrasant pour une simple *bleue*, eût-elle, comme ma chère Madelon, l'air le plus imposant du monde. La scène de la prophétie a produit le plus grand effet :

> ... Comment en un plomb vil l'or pur s'est-il changé ?
> Quel est dans le lieu saint ce pontife égorgé ?
> Pleure, Jérusalem, pleure, cité perfide,
> Des prophètes divins malheureuse homicide !

Toute cette prophétie composée de passages de l'*Écriture* est, du reste, un admirable morceau de poésie lyrique.

Suzon a été, comme l'autre jour à Versailles, délicieuse de candeur, de grâce et de finesse, justifiant à merveille le mot de *Joad* disant :

Que déjà son esprit a devancé son âge.

Je crois n'avoir pas non plus trop mal fait mon personnage.

Le Roi a bien voulu témoigner qu'il était enchanté, ravi. Il a dit à Madame qu'il voulait donner le plaisir de ce spectacle au Roi et à la Reine d'Angleterre ; la prochaine représentation aura donc lieu devant un plus nombreux auditoire ; mais cela est très opposé aux nouvelles idées de Madame, et je crains fort que Saint-Cyr ne revoie plus jamais des journées brillantes comme celles des représentations d'*Esther*.

14 février.

Tu sais comme de bon cœur je riais à la vie quand j'ai commencé les pages de ces *Souvenirs;* mais le départ de Jacques, l'incertitude de l'avenir, les tableaux si tristes et si désenchanteurs que Madame nous fait du sort qui nous est réservé à notre sortie de Saint-Cyr ont, peu à peu, tout assombri en moi. Je sais bien que la vie a peu de promesses pour des filles nobles sans fortune ; mais est-il bien nécessaire de nous montrer sans cesse les difficultés, les peines, les humiliations, les épreuves de toutes sortes qui nous attendent

17.

dans le monde ? Cet empressement à dissiper sans merci toutes nos illusions ne doit-il pas tuer peu à peu en nous toute espérance, et n'est-ce pas très triste à notre âge d'être privée, de ce bien si précieux, l'espérance, à qui nous devons les meilleures et peut-être, hélas! les seules joies de notre vie.

A en croire Madame, le cloître est le seul refuge qui s'offre à nous entre les dangers du célibat et l'esclavage du mariage.

Mais non, tout mon être se révolte contre ces dures paroles. Le mariage n'est-il pas le plus naturel et le plus permis de nos jeunes rêves de bonheur? En parler autrement, c'est calomnier la vie.

Jeudi 22 février.

Aujourd'hui, presque solennelle représentation d'*Athalie*. Le Roi, le Roi et la Reine d'Angleterre et Madame y assistaient ainsi que M. de Fénelon, le P. de la Chaise, plusieurs autres ecclésiastiques et MM. Racine et Despréaux.

On a fort applaudi ces vers que je dis à *Joad* dans la scène vi de l'acte III :

Hélas! est-il un roi si dur et si cruel,
Qui d'un tel suppliant ne plaignît l'infortune ?
Sa cause à tous les rois n'est-elle pas commune ?

Cela ne se peut-il entendre de notre grand Roi, qui fait si généreusement sienne la cause de Jacques II ?

Clapion me dit qu'elle ne prononça qu'avec tremblement ces vers :

Loin du trône nourri, de ce fatal honneur,
Hélas ! vous ignorez le charme empoisonneur ;
De l'absolu pouvoir vous ignorez l'ivresse,
Et des lâches flatteurs la voix enchanteresse.
Bientôt ils vous diront que les plus saintes lois
Maîtresses du vil peuple obéissent aux rois ;
Qu'un roi n'a d'autre frein que sa volonté même ;
Qu'il doit immoler tout à sa grandeur suprême ;
Qu'aux larmes, au travail le peuple est condamné
Et d'un sceptre de fer veut être gouverné ;
Que s'il n'est opprimé, tôt ou tard il opprime.

Ces vers ne seraient-ils pas une sorte de leçon au Roi, si notre souverain n'était, par sa grande âme, si fort au-dessus de « l'ivresse de l'absolu pouvoir » ?

Les chœurs, dont M. Moreau a fait la musique, ont produit le plus grand effet.

M. Racine a cependant dit à ma sœur qu'il était fort découragé, quoique sa pièce n'ait été vue que d'un petit nombre de personnes ; il lui est revenu qu'on disait qu'*Athalie* était plus terrible que gracieuse, que c'était une tragédie froide, dépourvue d'intérêt et ne roulant que sur le sort d'un enfant. Madame a eu beau lui répéter « qu'*Athalie* était la plus belle chose qu'on eût jamais vue » et M. Despréaux, qu'il n'avait jamais fait meilleur ouvrage, cela n'a pu lui donner confiance en lui et en son œuvre. N'est-il pas triste de penser que le découragement peut faire renoncer ce grand poëte aux pièces sacrées, comme sa conversion l'a fait renoncer aux pièces profanes ?

Mais pourquoi écrirait-il pour nous des pièces que l'on déclare ne plus vouloir nous laisser jouer?

Madame et M. de Fénelon ont vainement prié notre évêque, M₉ʳ Desmarets, d'assister à la représentation d'aujourd'hui ; non seulement il a refusé, mais il a fait, pendant notre pourtant bien innocente représentation, à la communauté assemblée, une conférence sur l'*état déplorable des chrétiens qui se livrent pendant le carême à des plaisirs scandaleux*.

Après cela, il est bien probable que cette représentation d'*Athalie* sera la dernière.

27 février.

Pénitence et réforme ! ces deux mots viennent à chaque instant frapper nos oreilles comme le lugubre glas de tout ce qui fut, à Saint-Cyr, aimable, brillant et mondain.

Nous nous crûmes transportées dans le paradis terrestre en quittant Noisy pour Saint-Cyr. Heureux temps ! On nous permettait alors une liberté entière dans nos conversations, un tour de raillerie agréable dans la société, et de l'élévation dans la piété. On avait retranché de l'uniforme, d'une distinction sobre et gracieuse, ce qui aurait pu lui donner un air monacal ; on ne nousménageait ni les choux, ni les rubans ; on ne s'appelait ni ma sœur, ni ma mère ; tous les usages de la vie ordinaire étaient observés.

L'agrément dominait aussi dans notre programme et était la note charmante et brillante de Saint-Cyr naissant. Madame voulait qu'on nous exerçât à parler et à écrire; elle voulait que nous ne fussions pas si neuves quand nous nous en irions que le sont la plupart des filles qui sortent des couvents, et que nous sussions des choses dont nous ne fussions pas honteuses dans le monde.

Nos maîtresses nous faisaient faire entre nous, sur nos principaux devoirs, des conversations ingénieuses qu'on nous composait exprès ou que nous improvisions nous-mêmes. On nous faisait parler sur les histoires qu'on nous avait lues, réciter par cœur ou déclamer les plus beaux endroits des meilleurs poëtes. En ce temps-là, rien ne paraissait trop exquis à Madame pour nous élever « chrétiennement, raisonnablement ». Mlle de Scudéry avait fourni des modèles de *conversations*. M. de Fénelon nous faisait le prône, MM. Lulli et Moreau composaient notre musique, M. Racine écrivait pour nous *Esther* et *Athalie*.

Bientôt l'on pourra dire de Saint-Cyr ce qu'*Abner* disait du Temple :

... Que les temps sont changés !

La réforme doit, paraît-il, commencer par nos

maîtresses. Madame dit à ma sœur que certaines dames portent au chœur leur long manteau, leur croix d'or, leurs gants de moire avec des gestes et des airs qui, sans blesser la modestie, ne sont point de l'humilité chrétienne : « J'ai refusé de faire des chanoinesses par aversion pour cet état-là, dit-elle, et j'ai fait pis ; il n'y en a point en Allemagne avec lesquelles il y ait plus de ménagements à garder qu'avec quelques dames de Saint-Louis. »

Pour remédier à cela, il est question de convertir la maison de Saint-Louis en monastère régulier de l'ordre de Saint-Augustin, et cela, malgré les répugnances du Roi qui déclare qu'il n'a pas voulu faire des religieuses.

Comme confesseurs et chapelains de la communauté il a été fait choix de la congrégation des prêtres de Saint-Lazare, fondée par M. Vincent de Paul, qui, chargée de faire des missions aux pauvres des campagnes, est composée d'hommes de basse naissance, instruits uniquement des choses de l'Évangile, ayant des manières rustiques, un langage plébéien, un esprit dénué de toutes recherches et agréments. Aux questions mystiques, aux scrupules raffinés, ils répondront simplement par le catéchisme. Pour consoler les dames, très affligées de cette mesure, on leur promet comme confesseurs et prédicateurs extraordinaires MM. de Fénelon, Desmarets, Bossuet, Bourdaloue, Massillon.

En ce qui nous concerne, la réforme comprend la suppression des représentations en public. Madame veut de plus le changement entier de notre éducation. Elle écrit à ma sœur :

« J'ai voulu que nos filles eussent de l'esprit, qu'on élevât leur cœur, qu'on formât leur raison ; j'ai réussi dans ce dessein, elles ont de l'esprit et s'en servent contre nous ; elles ont le cœur élevé et sont plus fières et plus hautaines qu'il ne conviendrait de l'être aux plus grandes princesses, à parler même selon le monde ; nous avons formé leur raison et fait des discoureuses présomptueuses, curieuses, hardies. Il n'y a pas de maison au monde qui ait tant besoin d'humilité que la nôtre. Sa situation si près de la cour, sa grandeur, sa richesse, sa noblesse, l'air de faveur qu'on y respire, les caresses d'un grand Roi, les soins d'une personne en crédit, l'exemple de vanité et de toutes les manières du monde qu'elle vous donne malgré elle et par la force de l'habitude, tous ces pièges si dangereux nous devaient faire prendre des mesures toutes contraires à celles que nous avons prises... Nos filles ont été trop considérées, trop caressées, trop ménagées ; il faut les oublier dans leurs classes, leur faire garder les règlements de la journée, leur peu parler d'autre chose.

Que dans les réprimandes qu'on leur fait on les ménage moins sur les termes ; qu'on les reprenne sévèrement sur les façons de parler hautaines, sur la liberté de faire des questions à leurs maîtresses.

Je voudrais qu'on leur retranchât le plus de rubans qu'il se pourra ; qu'on les laisse manquer de perles et de cordelières ; que, sous prétexte de froid, on ferme leur manteau le plus qu'il se pourra ; qu'on ne soit pas si soigneux de leur donner des habits neufs et qu'on les laisse un peu éguenillées, quoiqu'on ne retranche rien sur le soin de leur taille. »

On a donc supprimé nos choux ; notre provision de rubans est ramenée pour chaque quartier de trois aunes à deux. On parle de la réduire à une.

Mais, ce qui me touche le plus, c'est que Madame trouve qu'on écrit trop à Saint-Cyr, et que nous devons perdre ce goût de l'écriture dangereux pour des filles : « Les femmes, dit-elle, ne savent jamais qu'à demi, et le peu qu'elles savent les rend communément fières, dédaigneuses, causeuses et dégoûtées des choses solides. »

On vient de nous annoncer que nous aurions demain à remettre à Madame tous nos manuscrits sur quelque matière que ce fût ; et qu'il ne nous serait plus permis d'écrire en notre particulier, comme on le souffrait jusqu'ici.

Ceci est donc la dernière page de mes *Souvenirs*. Tu penses que pas un instant je n'ai eu l'idée de remettre ce cahier à Madame. La tant aimable M*me* de Caylus, à qui j'en ai dit un mot, veut bien se charger de te le faire parvenir.

Pauvres *Souvenirs*, commencés avec au cœur

tant de joie et d'espérance! Mais qu'ai-je à les regretter devant la vie étroite et sombre qui doit désormais être la nôtre?

On dit que le Roi va partir pour faire le siège de Mons. Peut-être cette campagne ne se terminera-t-elle pas sans que soit livrée cette bataille navale que Jacques souhaite avec ardeur, écrit-il à ma sœur, et que je souhaite moi aussi, car, qui sait? ce sera peut-être la gloire pour Jacques et la liberté, l'amour, la vraie vie enfin pour ton heureuse petite Margot.

ÉPILOGUE

La bataille navale tant souhaitée fut livrée en mai 1692, et ce fut la désastreuse bataille de la Hougue. Jacques fut tué en combattant comme un héros aux côtés de M. de Tourville.

L'année suivante, Mlle Marguerite de la Maisonfort prit le voile au couvent des Ursulines de Mantes.

Pauvre petite Margot!

TABLE

PREMIÈRE PARTIE
1688

OCTOBRE 1688

Margot se réjouit d'être bleue. — Sortie de Philipsbourg. — Description de Saint-Cyr. — Emploi du temps. **1**

Pages.

NOVEMBRE

Mme de Brinon. — Prise de Philipsbourg. — La classe *bleue*. — Où l'on voit qu'il est bon d'aimer à faire plaisir et à se rendre utile. — Un jeune auteur. — Où l'on fait connaissance avec Glapion. — Sur la suffisance des demoiselles. — D'Aubigné **15**

DÉCEMBRE

Où l'on commence à s'occuper d'*Esther*. — Mme de la Maisonfort. — A qui les rôles? — Départ de Mme de Brinon. — Vœux simples de Mme de Veilhant. — Arrivée en France de la Reine d'Angleterre. — Costume des dames de Saint-Louis. — Distribution des rôles d'*Esther*. . . . **41**

DEUXIÈME PARTIE
1689

JANVIER 1689

Répétition d'*Esther*. — Arrivée du Roi d'Angleterre. — Costumes d'*Esther*. — Répétition générale. — Lettre à

Glapion pour annoncer la représentation d'*Esther*. — Première représentation d'*Esther*. — Costumes des élèves de Saint-Cyr... 63

FÉVRIER

Deuxième et troisième représentations d'*Esther*. — Histoire d'une layette. — Quatrième et cinquième représentations d'*Esther*. — Mort de la Reine d'Espagne. — Départ du Roi d'Angleterre...................................... 80

MARS

Lettre de Mme de Sévigné sur *Esther*. — Croix d'or offerte à Mme de Maintenon. — L'abbé Desmarets prêche le carême... 102

AVRIL

A propos d'une lettre de saint François de Sales. — Dévotions du Roi. — Mme de Maintenon éducatrice. — Dévotions de la Reine d'Angleterre.................... 108

MAI

Enfance de Mme de Maintenon. — Le Roi à Saint-Cyr. — Eloge du Roi. — Mme de Loubert supérieure........ 120

JUIN

Conversion de Mme de Maintenon. — Mme Guyon et le quiétisme. — Mme de Maintenon bergère. — Visite du Roi à Saint-Cyr.. 132

JUILLET

Le melon et les Précieuses. — La Reine d'Angleterre à Saint-Cyr. — (Conversation *sur la contrainte inévitable dans tous les états.*) — Fête de Mme de Loubert. — Adieux de Jacques... 151

DÉCEMBRE

Guérison de Margot. — Reproches à Glapion qui ne veut pas chanter le latin. — Entretien sur la vocation. — La musique du Roi.. 170

TABLE

TROISIÈME PARTIE
1690

JANVIER 1690

Sixième représentation d'*Esther*. — Mme de Veilhant ne veut pas laisser soigner ses dents. — Septième représentation d'*Esther*. — L'abbé Desmarets est nommé évêque. — *Esther* avant Racine. — Huitième représentation d'*Esther* 183

FÉVRIER

Représentations d'*Esther* blâmées par M. Hébert. — Départ de Marsilly. — Bref du Pape à Mme de Maintenon. — Confidences de Glapion 202

MARS

Les travaux manuels à Saint-Cyr. — Première lettre du page à Glapion. — Les *Cantiques spirituels* de M. Racine. — Les Invalides 211

AVRIL

Deuxième lettre du page à Glapion. — Mort de Mme la Dauphine. — Le célibat. — Le cœur de Mme la Dauphine est porté au Val-de-Grâce 221

MAI

Funérailles de Mme la Dauphine. — Où le page prouve qu'il ne mérite pas son surnom de Saint-George. — Fin du roman de Glapion. — Instruction *sur la fuite des occasions* 233

JUIN

Représentation d'*Esther* en bêtes par les *rouges*. — Sur l'orgueil des demoiselles. — A propos du mariage 240

JUILLET

Bataille de Fleurus. — Le Roi et sa musique à Saint-Cyr. (Proverbe : *A bonne volonté point de chandelle*). — Le plus grand des plaisirs est d'en pouvoir faire 252

SEPTEMBRE

Vocation de Glapion. — *Contre les amitiés particulières.* 268

NOVEMBRE

Badinages poétiques de Mme de Maintenon. 273

DÉCEMBRE

Où il est décidé de la vocation religieuse de Mme de la Maisonfort. — Distribution des rôles d'*Athalie.* — Lettre de Mme de Maintenon à Chabot............ 278

QUATRIÈME PARTIE

1691

JANVIER 1691

Athalie à Versailles....................... 291

FÉVRIER

Athalie à Saint-Cyr. — Dernière représentation d'*Athalie.* — Projets de réforme 295

ÉPILOGUE

Pauvre petite Margot !................... 305

ÉVREUX, IMPRIMERIE DE CHARLES HÉRISSEY

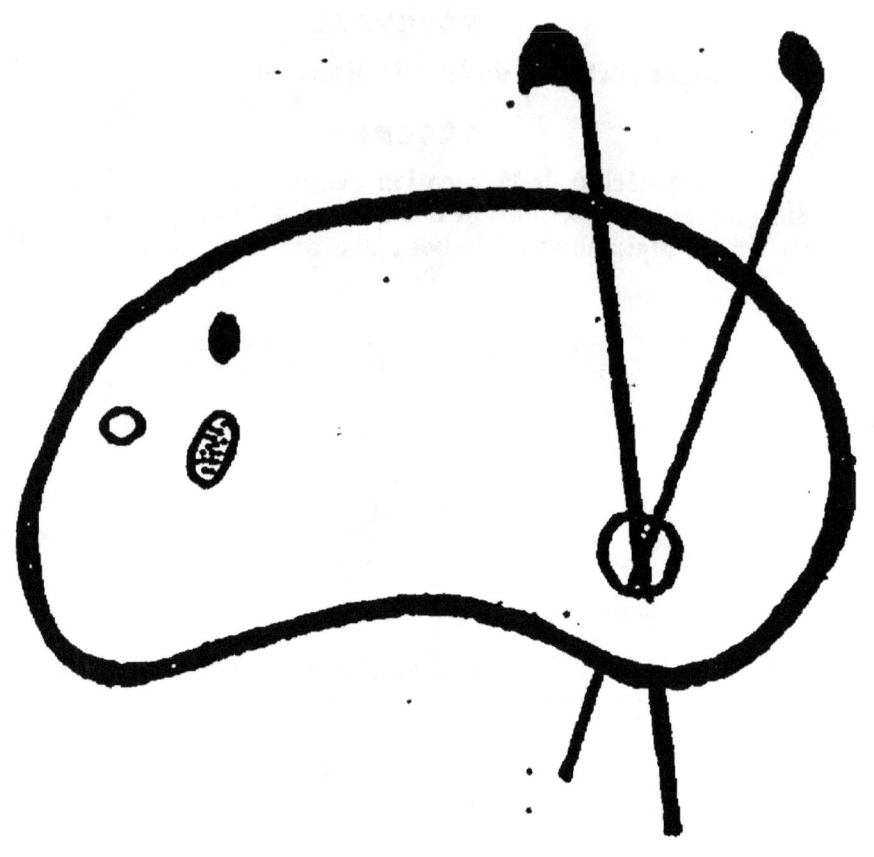

ORIGINAL EN COULEUR
NF Z 43-120-8

www.ingramcontent.com/pod-product-compliance
Lightning Source LLC
Chambersburg PA
CBHW071600170426
43196CB00033B/1231